教育部人文社会科学项目（No. 17YJCZH206）
北京市社会科学基金项目（No. 18GLC080）

商管理论丛

商家 空间网络嵌入的O2O平台发展战略研究

许研　著

中国财经出版传媒集团

经济科学出版社
Economic Science Press

图书在版编目（CIP）数据

商家空间网络嵌入的 O2O 平台发展战略研究／许研著．
—北京：经济科学出版社，2019.5
（工商管理论丛）
ISBN 978 - 7 - 5218 - 0617 - 5

Ⅰ.①商… Ⅱ.①许… Ⅲ.①电子商务 - 发展战略 -
研究 Ⅳ.①F723.36

中国版本图书馆 CIP 数据核字（2019）第 111150 号

责任编辑：侯晓霞
责任校对：隗立娜
责任印制：李 鹏

商家空间网络嵌入的 O2O 平台发展战略研究
许 研 著
经济科学出版社出版、发行 新华书店经销
社址：北京市海淀区阜成路甲 28 号 邮编：100142
教材分社电话：010 - 88191355 发行部电话：010 - 88191522
网址：www. esp. com. cn
电子邮箱：esp@ esp. com. cn
天猫网店：经济科学出版社旗舰店
网址：http://jjkxcbs. tmall. com
北京密兴印刷有限公司印装
710 × 1000 16 开 15.25 印张 200000 字
2019 年 5 月第 1 版 2019 年 5 月第 1 次印刷
ISBN 978 - 7 - 5218 - 0617 - 5 定价：48.00 元
（图书出现印装问题，本社负责调换。电话：010 - 88191510）
（版权所有 侵权必究 打击盗版 举报热线：010 - 88191661
QQ：2242791300 营销中心电话：010 - 88191537
电子邮箱：dbts@ esp. com. cn）

序

在 Web2.0 和 Web3.0 时代，大众消费行为出现了越来越明显的 SoLo-Mo 特征，即"社交化 + 本地化 + 移动化"特征。伴随着这种变化，线上和线下联动的 O2O 平台应运而生，成为平台化转型的新趋势。虽然 O2O 平台被市场和资本同时看好，但在具体的运营过程中逐渐出现了标准化程度低、需求分散、用户粘性低、边际成本高、收益波动大等问题。为了解决这些行业痛点，有必要深入分析 O2O 平台的需求特征和线下供需匹配特征，从供给商空间网络视角为平台发展提供一些有效的解决途径。

O2O 即 Online To Offline，是指将线下的商务机会与互联网结合，让互联网成为线下交易的前台，这个概念最早来源于美国。O2O 平台的概念非常广之，只要平台中既可涉及线上，又可涉及线下，就可通称为 O2O 平台。依托于移动终端、移动互联网、物联网、智能控制、移动支付、数据算法等技术的成熟，O2O 平台出现了"井喷式"发展。例如，2013 年 6 月 8 日，苏宁线上线下同价，揭开了 O2O 模式的序幕。O2O 开始和大众的日常生活融合，成为日常生活中密不可分的一部分。

各行业纷纷开始 O2O 转型。例如，美国手工艺品电子商务平台 Etsy 开始与 West Elm 连锁商店合作向顾客提供到店购买服务；国内传统的神州租车公司开始发展网约车服务项目；Cosmo 酒店开展商务差旅的礼服网上租借业务；全球最大连锁酒店 Marriott 与 LiquidSpace 网站合作开展办公空间分享业务等。

虽然来势汹汹，但 O2O 平台的未来并不明朗。这中间有很多看起来很繁荣的需求，但并不具备 O2O 的发展特质。由于资本的大量补贴等，也有很多并不是刚性需求的 O2O 商业模式开始浮现。当一个行业逐渐成长成为风口时，更需要静下心来思考这种商业模式的运行机制和发展条件。

在一些前期的工作中，笔者发现了 O2O 平台至少存在 2 个与传统互联网平台不同的重要特征：

首先，一些 O2O 平台的线下服务边际成本较高，传统互联网平台中供给方与需求方的交叉网络效应基本不存在。平台区别于传统企业的地方在于其顾客分为两类——消费者和商家。双边市场结构下，平台消费者与商家存在相互激发的效果，即交叉网络效应。以游戏平台为例，消费者对家用游戏平台的需求取决于该平台中运行的游戏种类和规模；与此同时，游戏软件开发商对该游戏平台的需求则取决于有多少用户在使用该平台。由于传统互联网平台中发展用户的边际成本非常低，接近零，因此消费者端的规模增长速度快，并能迅速带来供应商的增长。交叉网络效应是驱动传统互联网平台发展的重要机制。但 O2O 平台不同，很多线下供应商的服务能力有限，多服务一个顾客意味着线下产品存储、调度、人员服务、硬件升级等运营成本的增加。并且，这种边际成本不一定随着用户规模扩大而降低，反而升高。在这种情况下，平台的交叉网络效应很弱。

其次，由于线下商家的服务半径有限，O2O 平台存在着较强的空间局部网络效应。这种需求的特征决定了平台上商家与消费者在小空间内相互依赖的局部网络效应明显。局部网络效应会抑制平台的快速增长模式。平台型企业主要提供的是服务。根据 Lovelock 的研究，服务可以分为有形服务和无形服务。对于有形服务来说，生产与消费同时进行，顾客是整个过程的参与者。它要求线下资源的供给必须在空间位置上与对应的需求相匹配。我们常见的 O2O 平台多属于这种类型。例如，旅游服务平台、外卖服务平台、共享服务平台等服务需要消费者亲临现场体验，或距离配送点较近。否则，以外卖服务为例，食物的品质随着等待时间迅速下降。消费者没有耐心等待太久，或觉得距离太远，时间成本高，不值得。这些 O2O 服务的便利性与空间位置上的供、需匹配密切相关。一定空间范围内，商家和消费者相互激发的现象被称为空间局部网络效应，空间局部网络效应属于局部网络效应的一种。局部网络效应被称为网络效应的"反作用力"，会影响平台用户发展速度，抑制平台的快速增长趋势。因此，发展 O2O 平台需要重视资源供给商的空间分布。

考虑了商家空间位置和商家互补、竞争关系的研究对于 O2O 服务型平台有更现实的意义。根据已有的学术界研究，Tracey 等认为企业空间网络的中心性结构、与网络结构匹配的企业管控能力是影响企业创新推动能力的关键变量。Shriver 利用不同地区乙醇兼容汽车保有量和乙醇燃料站的发展数据验证了局部空间中燃料站与区域需求相互激发的局部网络效应存在。Nishida 在四边网格中构建便利店的空间网络，通过决策博弈链入模型分析了连锁便利店的网络选择策略。

目前尚缺少从商家的空间网络角度对 O2O 平台发展问题的研究。现有研究的不足主要体现在如下两个方面：一方面，已有的 O2O 平台发展研究或基于宏观模型、或在微观模型中基于消费者的社交网络，对商家的交互关系及其对平台发展影响的思考较少。如前面所述，从一些 O2O 平台的消费特点和实际运营状况来看，商家空间布局确实对消费者决策的影响较大。资源供给商的空间网络结构如何影响平台的交叉网络效应值得研究。另一方面，现有的考虑了商家空间分布的诸多研究还停留在宏观层面，大多是把空间位置作为变量加入目标函数，较少从网络结构角度进行研究。

当前平台纷纷向O2O模式转型的商业过程为我们研究商家空间网络提供了一个难得的契机。商家空间网络结构影响平台发展问题的相关研究基础也已经具备。

本书拟在平台交叉网络效应机制的框架下，结合O2O平台需求的特点，利用复杂网络"引力模型"设计商家空间演化网络，开展平台启动的临界阈值和空间布点策略研究，并辅以O2O汽车共享平台实际问题的讨论。研究内容紧密围绕O2O平台需求特点。在研究方法的创新上，将平台交叉网络效应研究与复杂空间网络研究结合，为网络效应微观研究加入空间网络要素。研究旨在把商家空间网络在O2O平台发展问题中所发挥的作用解释清楚，为平台发展初期相对混乱的商家布局规划提供策略建议。

本书研究工作的理论意义在于弥补了当前平台战略管理研究对平台产业及O2O平台研究的某些局限和不足，在一定程度上拓展了平台战略和平台化转型理论的研究范围，也极大地丰富了商家空间网络在管理科学中的应用。实践意义则在于帮助企业更好地理解O2O平台发展和市场演化过程中的微观机制。也对现实商业环境中O2O平台型企业以及共享平台型企业制定有效的市场和竞争策略具有一定指导意义。

本书的出版感谢教育部人文社会科学项目（No. 17YJCZH206），北京市社会科学基金项目（No. 18GLC080），北京市骨干个人项目（No. 2017000020124G191），北方工业大学毓优人才项目，北方工业大学优势学科项目的支持。

许　研

2019 年 4 月

目　　录

第一章 绪 论

第一节 研究背景

平台顾客分为两类——消费用户和商家。用户与商家存在相互激发的效果，即交叉网络效应。以游戏平台为例，用户对家用游戏平台的需求取决于该平台中运行的游戏种类和规模；与此同时，游戏软件开发商对该平台的需求则取决于多少用户在使用该平台。来自传媒、电子商务、房产中介、信贷等不同行业的实证工作一致表明交叉网络效应是驱动平台发展的重要机制。由于平台的消费者和商家需求互相依赖，一旦双边网络形成规模后，平台会迎来高速发展阶段。美国梅肯研究院的研究表明具有网络效应的部门发展速度为其他经济部门的 4 倍。网络效应导致的平台价值自增强效果，增加了用户的平台转换成本，容易形成用户锁定，为企业带来自然垄断地位。成倍地放大了企业的先发优势。但是，网络效应对于平台发展是一把双刃剑。平台成立初期，较小的双边网络规模也易引发用户的消极预期，形成双边网络发展的负反馈，遏制平台发展。因此平台发展面临着启动问题，只有用户网络超过临界容量的平台才会在正反馈机制作用下实现指数增长，反之会在负反馈机制作用下逐渐消亡。

Cailaud 和 Jullien 的研究表明，平台可以采取逐个击破策略，即先补贴一方用户使其成功加入，再通过对另一方的定价策略实现盈利。Eisenmann 指出平台可以采用对一方永久性补贴，或自建内容市场的策略解决初期的启动问题。Hagiu 在《哈佛商业评论》中将这些平台启动策略总结为阶段式方法。阶段式方法研究引发的另一个关键问题就是"需要先发展的一方用户基数是多少"，即平台启动需要跨越的临界用户阈值。早期产品扩散的临界群体研究都是基于宏观视角，并且只涉及了平台的单边市场。Dhebar 和 Oren 在假设消费者具有理性预期的前提下，采用多阶段博弈模型刻画产品的扩散，研究发现当消费者对网络未来规模增长有较高的预期时会导致较大的产品扩散规模和较低的均衡价格。Cabral 采用演化博弈方法，运用产品扩散动态均衡模型，发现当网络效应很强时产品曲线将出现更加陡峭的 S 形增长。Economides 研究发现临界群体的规模与市场的垄断或完全竞争性质无关。Andreozzi 发现新旧技术的兼容程度和切换成本影响产品扩散的临界阈值。

在传统行业的互联网化转型的过程中，演化出了很多 O2O（Online to Offline）平台型商业模式。各行业纷纷开始向 O2O 转型，例如，美国手工艺品平台 Etsy 开始与 West Elm 连锁商店合作向顾客提供到店购买服务。国内的友友用车和宝驾租车都开始发展 P2P 租车项目。Cosmo 酒店开展商务差旅的礼服网上租借业务，全球最大连锁酒店 Marriott 与 LiquidSpace 网站合作开展办公空间分享业务等。虽然来势汹汹，但 O2O 平台的未来并不明朗。一些 O2O 平台商家和消费者间空间局部网络效应强的特点使其面临着启动难题。

由于存在空间局部网络效应，商家的服务半径有限，考虑了商家空间位置和商家互补与竞争关系的研究对于 O2O 服务型平台有更现实的意义。Tracey 等认为企业空间网络的中心性结构和与网络结构匹配的企业管控能力是影响企业创新推动能力的关键变量。Shriver 利用不同地区乙醇兼容汽车保有量和乙醇燃料站的发展数据验证了局部空间中燃料站与区域需求相互激发的局部网络效应存在。Nishida 在四边网格中构建便利店的空间网络，通过决策博弈链入模型分析了连锁便利店的网络选择策略。

目前尚缺少从商家的空间网络角度对平台启动问题的研究。本书拟在平台交叉网络效应机制的框架下，结合 O2O 需求的特点，利用复杂网络"引力模型"设计商家空间演化网络；开展平台启动的临界阈值和空间布点策略研究，并辅以 O2O 汽车共享平台实际问题的讨论。研究内容设计紧密围绕 O2O 平台需求特点。在研究方法的创新上，将平台交叉网络效应研究与复杂空间网络研究相结合，为网络效应微观研究加入空间网络要素。本书旨在把商家空间网络在 O2O 平台启动问题中所发挥的作用解释清楚，为平台发展初期相对混乱的商家布局规划提供策略建议。

第二节　主要概念界定

一、网络效应

平台的竞争力不仅表现在平台服务质量和宣传力度，还体现在用户和商家市场的发展上。先进入市场的平台可以借助已有的用户规模和大量配件、服务、第三方商家等优势资源形成竞争壁垒，巩固市场地位。

网络效应指的是消费者可以通过已有用户或产品互补品规模的

增加获得更大的产品价值。Katz 和 Shapiro（1985）将消费者从产品扩散中获得的两种正反馈机制界定为直接网络效应和间接网络效应。直接网络效应指主产品用户规模的增加直接促进自身增长的现象，如传真机；间接网络效应指互补品规模的增加间接促进主产品的用户规模增长的现象，如计算机硬件和软件。网络效应机制的作用下，平台的发展不仅受到平台自身价值影响，还要受到用户网络和商家网络等因素的影响。

将网络效应机制引入平台的发展战略研究可以使研究视角从平台本身扩展到对消费者群体和第三方商家生态系统的关注，尤其是第三方商家对应的间接网络效应的研究更是为平台的发展战略打开了全新的视野。Gupta 等（1999）利用共生性产品模型研究了数字电视需求中软件和硬件的共同作用。Chou 和 Shy（1990）证实了消费者会根据偏好的软件产品选择与之配套的硬件产品，因此间接网络效应应该被单独加以研究。Evans（2010）对具有间接网络效应的服务平台的竞争机制进行了研究，发现商家规模的间接网络效应是决定平台达到自主扩散的临界用户规模的主要因素。

二、商家的空间局部网络效应

局部网络效应是指消费者的采纳决策通常是受到其熟人或朋友，而不是受市场整体采纳行为影响的现象。Lee 和 Song（2003）发现局部网络效应可以使后进入平台保有某些局部区块的市场，对平台发展非常有利。Tucker（2004）认为具有局部网络效应的平台，只要营销得当，反而能获得快速的传播效果。局部网络可以帮助新平台突破旧平台的"锁定"现象，成为平台发展研究的新趋势（Goolsbee and Klenow，2002；Birke and Swann，2006；Sundararajan，2007）。

一些学者在研究 O2O 生活服务平台时发现，由于线下商家的服务半径有限，用户非常重视所处位置周边的商家数量和服务质量，而不是整个平台中的商家数量，这种现象被称为"空间局部网络效应"。对于空间局部网络效应较强的平台，例如百度外卖、Uber-eat等平台，注重供给商和用户在空间位置上的匹配关系是有效的平台启动策略。对于共享经济平台来说，除了虚拟资源的共享，例如手机流量共享，大部分是对实物的共享。接触到共享资源的过程就是交易从线上转为线下的过程。因此大部分共享经济平台同样具有较强的空间局部网络效应。

需求的空间局部网络效应使平台发展机制更加复杂。一是用户个体的决策机制不同。如前文所述，空间局部网络效应要求商家和用户在空间中的匹配。二是传播机制不同。社交网络平台传播主要基于用户社交网络；O2O 生活服务平台传播主要基于临近空间位置的用户关系网络。但传统的平台扩散和发展机制不适合描述需求产生在当地的 O2O 平台扩散。而且一些特殊的情况下，用户出行使得用户和商家之间的交互变得更加复杂。

在 O2O 需求具有较强的局部空间网络效应的前提下，如何测算平台扩散的初始用户规模、初始商家规模和传播参数阈值？用户的空间分布、商家的空间布局以及用户的出行行为又对平台扩散效果产生着怎样的影响等问题值得研究。其结论将对新兴的 O2O 平台的发展战略提供解决思路。

第三节 本书研究内容

本书的组织结构和各章的内容安排如下：

　　第二章开篇明确了平台型企业具有离消费者近、掌握用户入口，整合全产业链或服务链，以及平台网络效应带来收入持续快速增长等特征和优势，指出了传统企业转型的必经之路——平台化、互联网化发展。目前，平台化转型较好的商业模式就是 O2O 平台。但是多年来，由于缺乏结合点，在传统企业如何平台化转型，如何重建制造商和消费者关系方面并没有实质性的改变。O2O 业务，涉及线上业务、线下业务以及线上线下通道三个方面。虽然存在着互联网基因，但不可忽视的是"线上 to 线下"业务模式中也存在着供需空间匹配的基因。

　　第三章介绍了平台运行的关键机制——网络效应，并辨析了 O2O 平台网络效应的新特点。网络效应是指产品的用户网络越大，就会吸引更多的新用户加入的现象，如电信服务。直接网络效应指用户可以从更大的用户基数中获得更多价值；间接网络效应是指用户增多后，市场中提供的产品配套设施或服务增多，用户进一步获得价值。当市场中存在通过平台连接的两组用户，一组用户加入平台的收益取决于另一组用户加入平台的规模。研究表明平台推广的过程中用户网络规模或互补品网络规模起决定作用；在网络效应的作用下用户规模具有强大的竞争优势；除了直接网络效应的网络价值优势，平台的间接网络效应还给消费者带来更高的转移成本，形成了平台的锁定效果；网络效应能够给规模较大的平台带来更长久的领先优势，还可以改变平台的定价规则。研究还发现了网络效应的反作用力——局部网络效应。此类产品的网络效应表现在当消费者做出采纳决策时通常是受到其熟人或朋友而不是市场整体消费者的采纳行为的影响，一些学者称这种现象为局部网络效应。局部网络效应可以保有某些局部区块的市场占有率，对新平台扩张非常有好处。

　　第四章介绍了网络效应的实证研究范例。验证产品或平台网络效应是一切研究产品扩散或平台发展问题的基础，因为网络效应是主导产品扩散或平台发展问题的核心机制。在这一章以新能源汽车产品为例，实证检验新能源汽车市场上的网络效应。利用结构方程模型的分析，验证了新能源汽车市场中网络效应的存在，各类网络效应与消费者购买意愿的关系，从理论上探究了网络效应对新能源汽车消费的作用机制。最后基于实证研究，给出了新能源汽车的相关企业和政策制定者可以考虑实施的策略建议。该范例可以作为平台型企业测算自身网络效应强度的参考。

第五章介绍了平台的供需空间匹配的内涵、思路和重点。首先介绍了这些年国内 O2O 平台发展的大致脉络，是一个从票务（电影票、机票等）—团购（餐饮等利用套餐实现标准化）—旅行产品（虽然交易流程复杂，但资源集中度高）—生活服务（集中度低而且交易流程复杂、标准化困难）的过程，说到底就是标准化由易到难的过程。O2O 把线下的商店信息化了、互联网化了，但商家还是正常提供服务，没有什么改变。线上是一个获取用户的渠道，但用什么方式获得多少个用户，以及这些用户是否愿意体验服务，还是要靠线下。所以 O2O 平台的发展涉及一个关键问题：O2O 是否为线下的商家导入了更多的需求，或改变了需求的消费规律？这种改变是由什么线上行为引起的？怎么准确预测这些改变？最后再来思考，在这种改变之下，如何进行合理的空间区域内的供需匹配？本书主要基于 Online 组网，形成新的商家关系网络，从对需求的影响来研究空间区域上的新的供需匹配，进而研究平台的竞争战略。

O2O 的战场中，在运营中能够成功地调配供给，实现区域空间中的供需匹配，解决了资源的闲置，表现最突出的就是出行类 O2O 平台。例如 Uber，它作为一种 O2O 平台真正实现了激发供给，实现了区域空间内供需平衡。它的关键机制基于一定空间范围内供需情况，实时进行的价格变动。Uber 定价区别于其他行业做法的特殊之处，不在于它限制了需求，而在于它调动了供应。以前付得起高价车费却无车可打的人，现在可以顺利叫到车了。事实上，它让更多人的需求得到了满足。

第六章通过分析滴滴平台及传统出租车平台的动态定价机制，分析了 O2O 平台的调配供给效率。通过对司机和消费者个体时间价值分布的调研，对目前出租车交易平台中存在的动态定价和指派服务模式进行了多个体交易过程仿真。模型能够定量反映动态定价策略和指派方式对出租车交易系统运营效率和服务水平的影响，修正了部分有局限性的静态研究结论。仿真结果表明，常规出租车实行的计程计时定价方式只能解决中低拥堵时的出租车交易匹配问题；考虑计程计时定价和严重拥堵时加小费或加倍定价的混合动态定价策略才能够体现司机和乘客的时间价值特点，提升出租车的拥堵交易率；系统指定司机的指派方式既能够有效控制出租车指派的等待时间又能保证最优的司机剩余，是值得提倡的；但强制性的系统指派方式不易得到司机理解，因此需要交易平台加强与司机的信息沟通。模型为不同拥堵程度下的最优动态定价策略选择提供学理分析，既有助于出租车交易平台合理运用价格杠杆，提升交易量，提升消费者和司机满意度，也有助于城市提高拥堵时段的交通运输效率。

第七章给出了一般 O2O 平台的空间需求分析。Uber 和滴滴平台类似于"上门"服务，平台调动供给方去主动寻找需求方。但一些时候，供给方无法做到上门。孔栋等把众多 O2O 生意分为"到店"O2O 和"上门"O2O。市场中，其中"到店型"O2O 业务更加常见。无论是"大众点评""美团"等第三方平台网站通过提供流量和推广吸引线下商家入驻，平台网站和商家分别为消费者提供线上和线下服务；还是像"苏宁""银泰"等商家通过自己构建线上服务平台（网上商城），同时为消费者提供线上线下服务。都属于吸引用户到周边的线下门店消费的"到店型"O2O平台。他们的共同特点是线上提供增值服务，搭配线下提供的真实产品消费。对于"到店型"O2O平台来说，如何吸引用户到店消费确实是平台发展的关键问题。即如何进行空间上的供需匹配，促进平台发展。O2O模式可以定义为将线下实体商家、消费者地理位置和互联网结合起来，通过协同线上和线下优势，基于消费者本地市场，给其带来更好消费体验的一种商业模式。和传统电商"买全国卖全国"不同，线下需求更关注消费者本地生活市场。一方面，供需匹配需要注意"量"的问题；另一方面，也需要注意由平台形成的"供给方网络"结构对空间内需求的影响。对于"到店型"O2O平台，"入驻"平台是一个对线下门店重新组网的过程，"自建"平台是一个线下门店重新布局的过程。因此线下门店组成的商家网络对用户消费的影响应该非常重要。

第八章就研究了平台供给方的空间位置形成的网络结构对用户价值的影响，进而如何作用于网络效应的发挥，影响平台的发展，如市场份额、竞争力等。研究发现资源供给方的网络类型是平台网络效应是否发挥作用的重要前提。如果两竞争平台的供给方服从同类网络，那么网络效应和网络结构属性对平台扩散的影响失灵。两竞争平台供给方的网络类型差异较大时，网络效应会产生作用，但其作用性质会受到网络类型的影响。当新平台为优势网络类型时，网络效应对平台扩散的影响为正，反之影响为负。对平台扩散有利的网络类型排名为，完全道路网＞近似道路网＞近似中心网络＞完全中心网。对平台型企业来说，不仅要关注商家规模，更要充分重视其空间分布以及空间中供给方与需求方的匹配对平台发展的作用。尤其要重视空间网络类型的重要性。

从第九章开始，以共享汽车为例进一步分析了平台自有商家网络的相关问题。作为代表性的 O2O 租赁平台，汽车共享由来已久。在这一章我们以 Autolib、Car2go、DriveNow 以及宝驾出行为例分别介绍了汽车共享平台的国内外发展情况。国内外的共享汽车项目的案例表明，O2O 平台发展的重要议题是租赁点网络的覆盖问题。覆盖问题具有特殊性，也更具有难度。其背后有两个原因：一是 O2O 平台服务的需求特征决定了资源供给在空间上要满足便利性要求；二是 O2O 共享汽车平台属于重资产经营，成本压力要求平台要快速突破启动阈值，形成网络效应的正反馈。因此面对 O2O 共享汽车平台发展初期商家少并要求空间供需匹配，平台启动阶段如何布点？或者说先满足哪些空间位置上的用户便利性对平台的发展最有利是 O2O 共享汽车平台发展的关键问题。进一步来讲，供需双方的交叉网络效应是平台发展的主要机制。交叉网络效应使得平台的供需双方规模会互相促进，形成系统内生的自激励效果，并迅速扩散。但这种正反馈的发生一定要突破一定的规模。否则供需双方互相看空对方的发展前景，也会形成负反馈，抑制平台的发展。在 O2O 共享汽车平台启动阶段，虽然供给点数量较少，但如何通过调整其在空间上的布局，促使平台尽快突破临界值，形成供需双方的正反馈机制是 O2O 共享汽车平台发展的关键问题。

第十章主要通过对深圳共享电动汽车运营平台的用户满意度的调研和分析来研究共享汽车商家网络对用户消费行为的影响。我们验证了租赁点的布局对共享汽车需求的影响是真实存在的。主要是采取问卷调查的方式，测量和收集电动汽车共享汽车用户的电动汽车使用行为和习惯，以及对部分用户的深度访谈。根据用户调研结果，目前深圳市的共享汽车点还存在着总体数量较少，不容易找到租车点、还车点等方面的问题。共享汽车的用户满意度在运营服务体系、共享汽车电动车的性能以及共享汽车的经济性等方面都获得了相对较高的用户评价，但租赁点布局因素的满意度得分较低。而租赁点布局因素对总体满意度的影响较显著。

第十一章进行了网络结构如何影响共享汽车平台发展的相关研究。与通过地理邻近用户的相互影响而传播扩散的其他 O2O 平台不同，共享汽车用户通常将共享车辆开到不同的目的地并影响那里的人，因此用户的使用决策还取决于其要去的所有目的地的前一位用户活动。可见，由于驾驶行为，两位共享汽车用户之间存在着特殊的联系。用户在共享汽车租赁点网络之间的驾驶行为对平台扩散过程的影响以前很少被研究。通过我们的研究，发现具有相同目的地的用户之间的接触率（感染率）对于共享汽车平台扩散的临界用户量是至关重要的。而且，具有中心性网络的城市更适合汽车共享。因为它只需要更小的临界扩散感染率，就会导致更大规模的共享汽车市场占有率。研究结果表明，通过考虑城市的居民出行网络结构，可以探索防止市场萎缩、促进汽车共享服务系统迅速扩散的可能方法和方向，同时要注意加强用户之间的共享传播过程之间的联系。此外，面对共享汽车 O2O 平台如何选择新城市、新市场的挑战，本书认为用户网络的空间模式是由城市居民出行网络产生的，是非常重要的评估指标。具有较大中心性和较小平均度用户网络的城市更适合优先发展共享汽车 O2O 平台，因为汽车共享服务仅需要较低的扩散感染率，就可以实现较高的稳定市场规模。本书的研究有助于帮助汽车共享 O2O 平台选择城市发展战略。

第二章 传统市场转型：平台化发展

第一节 传统市场面临的挑战

近些年，频繁出现了一些百年老店或行业巨头面对颠覆性创新的冲击轰然倒下的例子。例如，传统感光行业的巨头柯达。伊士曼·柯达公司（Eastman Kodak Company）由乔治·伊士曼（George Eastman）于 1881 年正式创立。在此后的百年历程中通过一系列创新，迅速成长为一家冠绝全球的影像产品及相关服务供应商，柯达也成为美国最具影响力的品牌之一。1975 年，全世界第一款数码相机由柯达工程师萨森（Steve Sasson）开发成功，但被公司高层冰藏："这玩意儿很可爱，但你不要跟别人提起它。"公司沿着原有轨道继续快速前行[1]。1997 年，柯达公司股价达到每股 310 美元，创公司市值巅峰。此后由于数码成像技术的飞速崛起，公司销售和盈利急速下降。2003 年，柯达被迫宣布"全力进军数码领域"，谋求转型为一家以数码业务为主的多元化公司。但是，柯达放弃传统感光材料业务，全力

---

① 朱怡. 柯达沉浮记——浅析柯达破产原因 [J]. 商场现代化，2012 (20)：48 – 49.

拥抱对其形成冲击和替代的数码成像业务的转型不仅没有给柯达带来期望中的成功，反倒加速了柯达公司的破产。2012 年，柯达从高高的云端跌落到无尽的深渊，曾经的辉煌逐渐成为遥远的传说。

再以功能手机诺基亚为例。诺基亚从芬兰起家，是全球手机产业的领导者，拥有 140 多年的经营历史，根据 2013 年的数据统计，每天有 9 亿人通过它通话。《新闻周刊》曾如此评论："因为它，未来是芬兰人的天下。"在苹果的 ios 系统和 Android 系统出现之前，消费者的普遍感受是诺基亚手机除了外观一直在变，系统越来越稳定成熟外，没有其他变化。应用平台和以前一样，视频音频管理使用和以前一模一样。诺基亚传记 *Behind the Screen* 的作者，在诺基亚工作 8 年，负责诺基亚早期智能手机 N60 系列产品市场营销的前员工 Ari Hakkarainen 却认为"诺基亚真的有好多好的想法"！他举例，早在 2004 年诺基亚内部就开发出触控技术；甚至是现在当红的 3D 技术。2010 年诺基亚的研发费用，估计花到 58 亿欧元，是苹果的 4 倍以上。诺基亚拥有最庞大的研发资源，但是却没能力将其化为战场上的武器。"他们总说，这市场太小，没人要买，这花太多成本……"Ari Hakkarainen 认为是诺基亚的管理阶层"杀掉了它"。直到 iPhone 推出一年后，诺基亚才推出第一款触控技术的手机。

芬兰经济研究所研究主管亚尔柯（Jyrki Ali Yrkk）博士说："诺基亚是个很追求高效率的公司，诺基亚的成本控制能力，早已成为成功教案。"《哈佛商业评论》一篇名为"新兴的诺基亚？"的评论说："诺基亚 1616 型号手机已经成了在新兴市场的成功案例……在供应链、采购与大量生产能力上的强化，让诺基亚能推出这款售价仅 32 美元的手机，与此同时，类似功能手机的平均售价，在美国与欧洲，分别是 206 美元与 238 美元。"诺基亚能做到这点，靠的是高超的设计能力。在手机开发时间平均需要 1 年的周期时，诺基亚 1 年却可以推出超过 50 款以上的手机，同一时期，销售的机种超过 100 种。如果说，一款手机的零件数约为 300 个，需要 50 几种不同的零件。诺基亚销售 100 款手机，却只需要储备 500 种零件，其他竞争者（的备料量）是它的 1.5 倍。这让其不仅可降低零件储备成本，也因为零件共用，得以透过庞大的经济规模，降低采购成本。精密计算，不是没有原因。诺基亚几乎拥有全世界最复杂的供应链。截至 2011 年，诺基亚在全球有超过 10 个生产基地，有 50 个策略合作伙伴，单在印度，诺基亚就有超过 800 个维修中心，覆盖 412 个城镇（Juan Alcacere et al.，2011）。每个环节，都必须精确控制风险与成本。可见非常的成本导向是诺基亚的优点，但致命的地方也是"高效率控制成本"，"最后，核心能力就会变核心障碍。"①

这些企业倒闭的原因，看起来都是遭受了新技术的冲击，故步自封。例如，柯达面对数码成像技术的颠覆性冲击，诺基亚面对新的触控技术和操作系统的冲击。但实则是对消费者心中分享、交流需求的忽视，对新技术打破已具有垄断地位的价值链的恐惧，以及对固有的盈利模式的依赖心态。这里我们对传统行业的衰落原因进行了一些梳理。

一、离消费者看似近实则远

当前的经济形势下，激烈的渠道变革使得消费者更加分散。传统行业的运作方式主要为依靠广告轰炸，渠道压货的粗放式发展。传统方式下，品牌商通过向渠道购买流量实现销售，一方面向媒体渠道购买信息沟通资源；另一方面向销售渠道购买促销资源。但是这种方式

---

① Paul Laudicina. 企业赢领全球的秘诀 [J]. 新营销，2013（7）：12.

成本巨大，且不可持续，企业必须靠一轮又一轮的广告和渠道投放才能保持增长，一旦停止，销量立刻下滑。因此，传统方式下企业看似离消费者很近，其实企业和消费者之间还隔着媒体渠道和销售渠道。企业与消费者之间存在着一种看似近实则远的距离关系。

但随着互联网、移动互联网的高速发展，消费者获取信息的方式和渠道发生了重要变化，即互联网搜索成了最快捷的获取信息的渠道。大量互联网企业的产生，包括前期大量地推广，不断地"烧钱"，重点还是用户入口的导入。这个发展使我们看到互联网企业本身变成了重要的消费者信息入口，互联网企业掌握了这个消费者群体入口转而面对下游的诸多传统企业或服务商具有非常强的信息优势和话语权。目前，传统企业的已有消费者往往已经开始流失，这些消费者已经转移到这些互联网入口上。

传统企业由于没有掌握用户群和入口，本身并不具备全产业链或服务链的端到端整合能力，也不具备基础的议价能力，生存往往很困难。原有的由于信息不对称性带来的高额利润也会被压榨。

接触前端消费者对传统企业有多重要？我们可以参考 15 年前的专业连锁店对零售店的冲击。在历经多年的国美和格力大战中，国美电器是一家以经营各类家用电器为主的全国性家电零售连锁企业①。2013 年，在北京、天津、上海、成都、重庆等地区拥有 130 余家大型连锁商城，年销售额达 200 多亿元，跨入中国商业连锁前三名，并成为长虹、TCL、索尼、飞利浦等众多厂家在中国的最大经销商。像国美、苏宁这样的家电连锁企业，在以北京、上海为代表的零售度非常高的城市里，至少垄断了 50% 以上的家电销售市场份额。由于成

---

① 申薇 . 格力与国美的渠道冲突［J］. 市场营销案例，2008（8）：42 – 43.

为影响家电消费的强大市场入口，国美电器在家电行业的影响力越来越高。一些中小品牌对商家的让步，更使得国美电器说一不二，甚至凌驾于厂家之上，擅自调价，使厂家资源成为国美电器进行市场竞争的炮灰。格力长期以来一直实行区域代理制，有着众多的经销商，为了维护经销商的利润，格力长期以来坚持较高的价格。而国美一向是以低价销售闻名，从格力进入国美的第一天开始，这两种经营理念就始终存在冲突。2005 年初这一矛盾终于激化。3 月 10 日，从成都传来消息，格力空调于 10 日上午 12 时开始将产品全线撤出成都国美的 6 大卖场。而来自国美广州广宣部的消息则称，9 日上午，国美北京总部向全国分公司发了一份"关于清理格力空调库存的紧急通知"，国美将在全国范围内停止对格力空调的销售①。

格力转而自建销售渠道网络的故事，也可以看出如果无法接近消费者，对消费者没有真正的影响力。在整个产业链整合过程中传统企业只能做最低附加值的事情。因此在这种竞争格局和互联网发展趋势下，传统企业必须要考虑如何转型提升核心竞争力和整合资源。

二、价值链臃肿

从规模上讲，传统行业既得利益群体规模十分壮大。传统行业经历了长达几十年甚至上百年的营造，已经形成了稳定而庞大的社会群体。并且这个群体相互之间的联系纽带——价值链，已经非常稳定，并且得到各方认同，深入人心。从影响力上讲，传统行业既得利益群体影响力十分大，主要体现在它的不可替代性上。传统行业虽然原始，但是它不是社会基础行业，就是处于社会产业链上游。例如，

---

① 王尧，易晓明. 从"格力国美事件"谈厂商博弈中厂家的对策 [J]. 集团经济研究，2007（8Z）：157.

传统金融业是社会金融基础；出租车、通信运营提供商处于产业链上游。

垂直价值链曾经是一种先进的行业运营方式，分工发展非常专业化以后，很多行业环节划分得非常细，每个专业只做自己最专业的事情。

但是，挑战在于这个世界变化快的时候，当用户需求反馈到销售终端的接触点，终端销售人员再反馈到前面研发人员那里，常常需要个把月的时间，可能还不止。尤其在一些行业，几十年都没有变化，研发人员接触不到真实的消费需求，对市场没感觉。这时候就会产生整个行业的大溃败，因为价值链的上游根本不能理解消费者要什么，无法做出反应。所以，现在全球的大公司都斥巨资做端到端的信息融通，就是要加强更多的信息流通。

以如今崛起的西班牙品牌ZARA就是利用价值链上的快速反应模式，建立了独特的竞争优势①。全球服装产业的运作模式就是将生产的重心移往发展中国家，通过大幅降低生产成本来赚取利润。诸如GAP、Nike、Wal-Mart等，都是全球寻找代工的零售商与自有品牌方。这样的模式，最大的优点就是成本低，但致命缺点在于太过缓慢。透过整个产业链的运作结果，这些卖方提供给消费者新产品的时间会就拉长许多。

ZARA突破了过去传统生产服装的模式。首先，ZARA仅仅只需要15~30天的时间就能将最流行的服装陈列在全球每个店面之中，这与过去的4~12个月的生产周期相比，简直就是天壤之别。与其他零售商不同，ZARA能对来自全球的店铺信息和报告做出立即回应，

---

① 赖静雯. ZARA竞争优势分析——基于价值链角度［J］. 中国商论, 2010（10）: 22-23.

并在一个月内提供新款或者加以修改调整后的款式。ZARA 垂直生产的模式，等同于自己养活一整条的产业链，快速地完成每周上架两次的服装销售模式。当然，ZARA 并没有放弃全球水平生产的模式。采用双轨外包的业务模式，其实不止 ZARA，许多欧美企业都开始思考双轨的可行性。双轨就是把需要大量生产、受时尚影响较小的服装商品交由亚洲生产基地，把需要快速做出反应以满足消费者需求的商品外包工作，放在临近总部的地区，如北非、土耳其、墨西哥等地。

但是，从某个方面来讲，这些价值链革新还是没改变整个价值链是一个串联的本质。只能尽量削减去中间化，中间环节少一点，或者利用强控来要求大家就要把信息分享出来。

此外，除了横向环节臃肿，垂直价值链的另一个非常可怕的演化趋势是横向环节的参与者彼此还不相通，不兼容。这可能出于打造品牌制造商在价值链中的控制力的考虑，一个例子是索尼。苹果 iTunes 和微软等企业的特色是提供平台，让内容制造可以自由在其系统中发布软件，有些软件可以互补，不断演化迭代成为经典产品。但电子产品制造商索尼其各个单元内部不能共享信息和交流[①]，而其中一些业务单元却可以和苹果合作，并和"自家人"竞争。

三、成本线性增长

很多传统商业模式带来的另一个问题是收入呈直线型的增加。

传统行业的收入增长方式通常与业务规模有关，业务量拓展以后，成本和收入会出现等比地增加。但是，传统行业的业务量越大时，其成本可能还会再上浮一点。例如，雇用 100 名销售员推广，可

---

① 李堃. 索尼公司独树一帜的革新：灵活有效的"单元生产方式"[J]. 上海质量，2005 (12)：43 –45.

以服务约 10000 个企业用户。但如果业务规模拓展后，需要服务 10 亿个企业用户，即在原来的基础上增加 10 倍。但事实上，需要增加的推销人员可能不止 10 倍，因为还需要增建管理层。因此，由于管理成本地增加，成本上升速度有可能比收入的上升速度更快。

继续回到传统企业内部，一个典型的问题就是原有完全依靠人口和劳动力红利的模式已经行不通，人力成本的不断提高，提升了企业成本，压缩了企业已有的利润空间。要想不被淘汰必须考虑能够更加快速、高效和低成本地提供优质产品和服务。不管互联网如何发展，企业本身提供高性价比的产品始终是最重要的事情，即使企业没有掌控用户入口，但是和同类企业比仍然有相应的竞争优势。

在过去的经济环境下，传统企业由于人口红利或信息不对称性，即使提供的是低附加值的产品或服务也能够生存得很好。但是随着互联网发展，这个已经行不通了。在信息逐步对称情况下，产品或服务如何通过信息技术和新商业模式的引入形成高附加值能力的提供往往成为一个重要问题。

在互联网时代，基础产品或服务提供往往不赢利。互联网时代下，企业通过基础服务提供的资源和用户整合，逐步衍生了大量的高附加值服务实现了赢利。这是传统企业在旧有的商业模式中不具备的能力。

第二节　平台化带来的机遇

与传统行业企业面临的危机相比，一些平台型发展的企业正在冉冉升起，熠熠生辉。Interbrand 品牌咨询公司每年都会评选"全球最佳品牌"，而苹果、谷歌和亚马逊的品牌价值是近几年增长最快的公司①。在排名前 31 家公司中，有 13 家是平台型企业，都有自己的生态系统，而另一些互联网企业则受平台型企业的严格制约。这只是商业趋势的一隅。放眼世界，不管是中国、俄罗斯还是拉丁美洲的国家，平台型企业都是占优的。现在世界上排名前 5 的企业中，有 3 家都是平台型企业。这种类型的企业的优势在十年里的发展是平稳上升的，而且越来越显著，挤占了诸如能源、金融等传统企业的领先位置。

诺基亚在 2008 年创下 40% 的手机市场巅峰占有率之后，2009 年刚上任的 CEO 埃洛普（Stephen Elop）发出了一封内部备忘录"燃烧的平台"（Burning Platform），其中的燃烧的平台是双关语，既指在北海的石油平台上工作的工人，整个石油平台都着火后，工人瞬间被火焰包围②。穿过浓烟和热气，他勉强走出混乱，走到了平台边缘（史蒂芬·埃洛普，2011）。当他从平台上往下看时，看到的只有黑暗、冰冷、令人生畏的大西洋海水。火焰不断靠近他，他必须在几秒内做出反应。他可以站在平台上，被熊熊大火烧死。或者，他可以从 30 米高的平台上跳进冰冷的海水里。这事出乎意料。在一般情况下，他从未想过要跳进冰冷的海水。但当时并非一般情况，他的平台着火了。他跳进海水，活了下来。燃烧的平台又指诺基亚面临的困境"我们的竞争对手用来抢走市场占有率的不是硬件产品，而是一套（有竞争力）的手机生态系统""并且真正让人不安的是我们甚至没有拿起合适的武器反抗。我们仍然习惯于采用针对不同价格市场推出不同手机的战略""我们犯了不少错误、错过了太多机会……诺基

① 谢潇敏. Interbrand 品牌价值十年变动大解读 [J]. 企业研究，2016（8）：47–51.
② 史蒂芬·埃洛普. 我们沦落了，平台正在燃烧 [J]. 企业观察家，2011（3）：94–94.

亚，我们的平台正燃烧呀！"

十年后市场的结果与燃烧的平台上发生的故事如出一辙，如诺基亚、索尼 play station、微软等企业在和具有更大的平台型企业——苹果、安卓的竞争中逐渐处于下风。企业如果不形成生态，在平台面前是非常脆弱的，会被大的生态吸纳。诺基亚、索尼都前景黯淡，走在下行通道里，不容乐观，微软也有些积重难返。

张瑞敏在美国管理学会 2013 年年会上发表了关于企业转型和平台型企业方面的主题演讲。他认为对于传统企业来讲，最大的挑战在于组织必须改变（张瑞敏，2013）。正如前面所说，平台的自身发展机制决定了可以形成"网络效应"这样一种正反馈循环。而正反馈循环意味着因果强相关，要因果的强相关，现在组织不改变就实现不了，因为一个线性的、下级完全听命于上级的组织是不能适应这种变化的。传统企业这种线性、单向的结构有很大风险，其市场要么被平台吸纳，要么被平台竞争性地"吃掉"。

目前，海尔开放的方向和目标非常清晰。就是要使得在平台上交易的各方都能够获利。过去工业企业的上下游企业之间一定是博弈关系。比如，工厂对上游供应商一定是要求物美价廉，而下游经销商面对工厂时，也希望工厂价格最低。现在，大家都在一个平台上，共同创造用户价值。过去，企业面对供应商完全是竞价选择，谁价格低就用谁的，当然质量也要好；现在则要让他们变成模块商，一定要参与前端设计，结果对产品性价比的提高非常显著。

除了向平台型转化的企业，近些年平台型企业带来的行业机会也很多，很大程度上还帮扶了传统企业的发展。例如，近两年来自行车厂无疑是传统行业最大的赢家。本来这个行业业绩连年下滑，不曾想遇到共享单车平台的大举成功。这边网络单车平台携重金纷纷入局，动辄月千万辆的市场投放量，背后都需要各大自行车厂开足马力生产。对于平台型企业为什么有如此抢眼的表现，我们也总结了一些原因。

一、离消费者更近

以电商平台为例，通过互联网电子商务加强了原有的供应商和客户和企业之间的黏性，同时在这种模式下尽可能地减少了中间渠道和环节，真正做到降低成本和让利给最终客户，形成双赢。

传统企业自建电商平台有很多积极意义。很多大企业即使已经与大型电商平台合作，即这些企业产品仍然在京东、天猫售卖，但是企业仍然保留了自己的自建电商平台和消费者入口。这一方面由于和任何一个资源或入口强绑定最终都将失去谈判和议价的能力；另一方面企业自建电商可以进一步整合供应商、物流和客户资源，同时在企业已有产品下不断地发展自己的增值服务产品。我们可以从小米的例子来理解这个模式的优越性。小米之所以高价值，来自"米粉"的价值，小米熟悉"米粉"的癖好，熟悉他们对小米的忠诚度，了解他们的需求，可以按照需求设计产品，整合资源渠道。小米在打造了完整的生态链后可以看到其提供的大量的周边产品和服务能力。

通过供应链的整合，通过互联网电商等，加速了企业和企业，企业和消费者之间的信息沟通和需求传递，能够帮助企业更加快捷和实时地获取客户一手需求资料，方便快速的迭代和改进自己已有的产品。这种模式往往是传统模式不具备的，如果用一个词来概括即小米提到的用户参与①。

---

① 于斌. 小米：用社交媒体让用户融入品牌［J］. 经理人，2014（2）：62－63.

　　例如奥康皮鞋参与兰亭集势，就是这样的战略布局①。地产行业最近出现的 Elab 创业项目，也是基于 C2B 的新房定制交易平台②。在已经形成比较稳定价值链条的地产行业，以 C2B 服务模式打造房地产全程开发链条，进行改造，真正围绕客户的需求改变产品设计、开发流程与服务方式，允许用户参与项目定位与设计、决定权。地产定制有可能对用户逐步开放从项目定位、户型设计、精装修、配套设施，到最终价格定位的全流程。这样的模式出现，绝对是互联网对于创业行业非常伟大的改造，尊重每一个人的价值，甚至颠覆了传统的战略理论，在低成本大规模和差异化定制之间，出现了大规模定制的新模式。平台模式大行其道时，你会发现原来的供应链边界必须重塑，你不可能只跟原来的供应商合作，你必须把边界彻底撕开，你可能要跟很多人合作，这就是平台对传统行业的改造。

　　平台化经营的好处就是能够及时听到最终用户真实的反映，可以把用户变成粉丝，同时挑战就是区分客户和用户的不同，用户是有温度的，也需要你这种有温度的平台组织能力，这样互联网对价值链的第三次改造就变成了顺理成章，当你有机会接触大量的最终用户，用户会把需求提供给谁？如何按需生产？一个方式是要形成一个数据驱动的反馈。设计产品和生态圈的一个差异是，你要让用户为其他用户创造价值，这才会为平台创造价值。如果你在百度或谷歌上搜索信息可以让其他用户的搜索更准确、有效，就会形成一个正反馈循环。如果海尔的互联网平台上一些用户表达的家电体验数据能改善其他家庭的体验时，就具有了网络效应。并且用户通过海尔平台相互连接的

---

　　① 龚震华. "互联网＋"背景下传统行业并购动因及绩效研究——以奥康国际并购兰亭集势为例 [J]. 财会研究，2015（8）：55－58.

　　② 赵轶鸣. 蔡雪梅：地产的 Elab 希望 [J]. 中国房地产金融，2015（8）：78－81.

方式，就获得了彼此间的效用改进，海尔也由此获得了平台价值。

对于如何让传统产品搭载平台，成为和用户沟通的媒介，海尔也有独特的见解。传统产品如何跟用户交互的一个方向是先把电器做成网器——所有的电器都可以上网。目前已经初步收到一定的效果，上网之后交互就比较简单了，比如远程维修。另外一个例子是，海尔酒柜的一个用户全家到外地旅游，旅游时手机收到短信提示说酒柜温度超过了合适的温度，于是他在外地通过手机把温度调回来，非常方便。把产品互联网化，是一个非常有用、也有意思的事情。GE 医药公司也曾把一些医药产品跟网络连接起来，让药品的销售和使用都得到了更好地控制以及及时地更新。

二、并联比串联好，弯曲价值链形成价值网

平台对价值链的改造方式是把串联变成并联，并联的概念是把大家的协同从直线变成网状的，彼此之间可以同步，互相相连而进行的。串联的价值链是研发做了一段时间丢给制造，制造再去解决问题，又花了一两年再去做下一个环节，产品生产出来到市场上时，已经不是消费者要的东西了。张瑞敏（2013）认为索尼、诺基亚失败的主要原因就是战略和组织结构的问题，它的组织结构是线性和单向的。一旦决定做出，从产品研发出来到一步一步推向市场，是不可逆的；但是，市场到底愿不愿接受，那就不知道了。

并联的价值链是平台来帮助整个产业把框架架构起来实现研发、制造、采购、销售同步往前走。但是并联的前提条件是所有的环节都要打通。传统的商业模式中，经常存在靠着信息不对称来赚钱的人。一些创新能够成功，就会有力地打破了这些信息垄断、信息不对称。因此，很多产业中传统企业很怕上下游打通，这对他们而言就是灭顶

之灾。索尼的各个单元内部不能共享信息和交流。因而导致一个特别怪诞的现象，索尼的一些业务单元通过和苹果合作，和"自家人"竞争。

可以理解，从串联模式转化为并联的过程中，即"去中间化"的过程中不表示以后就没有中间商了，而是说中间商要从原来只是靠着信息传递或者信息屏蔽来实现它的功能，转变成做增值服务。比如想在家政市场上找一个合适的阿姨不容易，家政公司的中介如果能明白这个道理并做出合理分析，很快就能够给你建议：经过我对你的观察，其实你这样的人会需要哪样的阿姨，我专业经验比你更强，你本来以为你喜欢那样的阿姨，其实那个阿姨不适合你的需求，过去找的不是你真正想要的。他会给你一个建议，甚至还能帮你找到合适的人，这样你会愿意为他付很多的好处，因为他节省了你很多试错的空间，这就叫增值服务。

可以串联上下游企业的平台也面临着上下游连接了以后，弃你而去的风险。因此，平台也面临着较多的挑战。在打通上下游的连接之后，平台还能够持续创造价值。这才是能够做好平台的一个关键的点。B2B 的场景里，你只要让商户知道哪里有好的供应商，他买一次以后就不用再找你。因为 B2B 市场中的交易存在着有很多安全性、稳定性、刚性的需求。需求不会随着价钱便宜，便很快流失。影响交易关系的除了价格，还有很多其他因素。因此一个 B2B 电商平台，不是一个单纯的交易平台，还是靠信息不对称来做的交易平台。

做平台有点像把消费者全部的需求都能够做成一个生态圈，用一站式的解决方案来提供服务。例如，一家过去做传统 IC 元器件的公司科通芯城，就把握了这样的节奏最终孵化出一个智能硬件众创平台——硬蛋网，它形成了一个硬件创新供应链资源链接平台。[①] 商家可以在平台上展示自己的项目，用来吸引供应链链条上的人才为其服务，也可以分享想法、创意，让专家与众多顾客为其护航。这样整个传统元器件的供应链就彻底成了供应平台，一个完整的生态系统，这样的爆发空间也是原来传统模式的数百倍、数千倍。

三、平台带来的跨界能力

平台还具有缩短产业链，带来丰富和多样性，方便跨业整合等优点（陈威如，2013）。由于融合了产业链上各个环节的众多企业，平台很容易形成企业跨界经营的土壤。比如，苹果 iTunes 偶然地成为内容出售方和内容使用方交易的中介，于是就出现了现金流和数据流的冲击，那么平台要做的就是做好双方数据的匹配。在做匹配的过程中，平台就能够复制功能并吸纳邻近的市场。考虑到只是"将食物送到顾客面前"和"将顾客送到食物面前"的区别，Uber 从指派车辆发展到了快递送餐、送快递及送冷饮的服务，并推出了 Uber-eat 子品牌[②]；我国的美团外卖目前也涉足互联网汽车共享业务。

京东电商平台的优势业务本来是销售白营电器。但自 2010 年开始，京东就启动了商家开放平台的做法。除了商品零售，其子品牌"京东众筹"连接创意提供者和支持者，让创意和新技术能够得到资金支持，实现商业化。另一个子品牌"京东到家"平台可以提供家庭生活服务，包括外卖、超市购物、买花、按摩等居家生活上门的服务。平台型企业通过打造线上资源平台和整合能力，同时通过线上平

---

① 和阳. 科通芯城康敬伟: 如何利用微信做到 100 亿 [J]. 名人传记（财富人物），2014（11）: 79 – 82.

② 王巧贞，孙丰国，苏瑾宇，等. Uber: 除了飞的，还能送餐 [J]. 销售与市场（评论版），2015（6）: 15.

台的运营可以相对容易地发展衍生服务，实现跨界经营。

第三节　平台网络效应的内涵与外延

平台生态系统还有非常特殊的网络价值。传统的企业注重的是企业价值。例如，传统企业是自己独自地识别产品的用户价值，并设计产品或服务与特定的用户需求、偏好进行匹配，通过广告宣传吸引用户到零售店中去，发现、比较不同产品然后选择自己喜欢或想要的产品，这整个过程中没有任何的网络效应。平台型企业与传统企业的不同在于可以利用网络效应来增加用户价值。网络效应是指用户彼此之间存在着网络连结，网络中使用该平台的用户越多，用户可以获得的产品价值越大。例如，电话，使用电话的人越多，安装电话越值得。当用户效用随着其他用户的加入而增加时，网络效应就会凸显。有关网络效应的另一个描述是梅特卡夫定律，指的是网络价值同网络用户数量的平方成正比，即 N 个连结能创造 N 的平方的效益（程虹和王林琳，2006）。例如 Uber 就连接了大量的司机和搭车者，形成了一个正反馈循环：想要打车的人越多，就会吸引越多的司机加入Uber；司机越多，打车的人就越多。网络效应也可能导致产生垄断企业，因为所有的用户都加入其中，形成"赢者通吃"。

平台的新驱动力和变革的含义就体现在网络效应。传统的经济理论是讲供需平衡，因此传统企业是边际收益递减的，而网络企业是边际收益递增的。这是一个非常重要的趋势。这也是为什么现在的平台型企业都发展得非常快的原因。

任何市场只要存在网络效应，那么其注意力聚焦点就必须得从内部转移到公司外部，因为外面的世界更大，外边的用户更多，人力资源、创新体系、研发中心以及战略部门等都必须要将自己的关注点从企业内部转移到企业外部。评价网络效应，比起在企业内部进行评价，不如由企业外部来评价更加客观有效。所以，要有 API 的战略，要使得第三方可以加入进来，使用一部分资源，同时也创造价值。例如，亚马逊制定了很多的规则，确保亚马逊的团队和业务单元，与其他团队共享数据和信息。

平台化发展，离不开当前社会中互联网技术的发展，可以说是二者一体的关系。我们可以通微信平台的例子感受一下这种关系。在微信平台出现之前，传统企业要想了解并影响到自己的用户，首先要花费巨大精力收集用户信息，然后依靠邮件直投、EDM、短信、呼叫中心等笨重、低效的方式才能将信息送达，但是这种方式不仅成本巨大，到达率低，而且无法互动。而微信则提供了一个可以零成本、高效抵达用户的通道，微信官方数据显示，截至 2015 年第一季度末，微信每月活跃用户已达 5.49 亿人，并且超过 55.2% 的用户每天打开微信超过 10 次以上。[①]

而微信为品牌商沉淀用户并和用户持续互动提供了绝佳阵地。首先，通过二维码，产品本身成了品牌商与消费者互动的最佳触点。消费者扫描产品包装上的二维码参与在线互动，这使得品牌商能摆脱渠道束缚和消费者建立直接的互动关系，或者直接关注成为品牌会员。基于这种关系，品牌商就可以自主地开展灵活多样的促销活动，例如优惠券、积分、抽奖、满赠等，而这在从前几乎是不可能的事情。其次，微信天生的社交、互动特性为会员营销提供了良好的土壤，企业不仅可以借助公众号强大的开发能力和粉丝开展抢红包、玩

---

① 姚小燕，关立新. 微信语言研究 [J]. 产业与科技论坛，2017，16（3）：152 – 153.

游戏等互动，还可以借助微信强大的社交关系链，激发社会化传播。在这方面，即使淘宝、支付宝也无法比拟。最后，数据被留存下来，这让品牌商清楚地了解自己的用户是谁，他们的社会特征和消费行为特征是什么，并基于大数据建立精细化营销运营体系，如通过实时查看促销活动开展数据，动态调配资源，通过分析消费数据，向不同用户推送不同优惠活动信息。

品牌商通过微信平台与消费者的互动，不仅提升了用户的参与感，强化了品牌认知，还充分释放了企业的营销潜能，让企业可以根据自己的市场战略，灵活使用各种促销武器提升销量，打击竞争对手，培养用户使用习惯。而在粉丝发展上，品牌商则可以借助于产品海量覆盖，快速将线下用户转化成微信粉丝。做过微信营销的人都知道，发展微信粉丝是一件很困难的事情。而消费品品牌商则可以通过在产品上部署公众号二维码，再基于二维码开展促销活动，就可以吸引大量的线下用户参与，这种方式不仅快速，并且用户匹配度极高。

通过这种O2O方式，品牌商打造了一个线下促销，线上互动的闭环营销体系，实现了品牌商和消费者的直接互动，从而能真正将用户留存下来，并持续激活。传统方式下，产品销售出去后，品牌商和消费者的关系就结束了，消费者的价值也立即丧失，而借助移动互联网，产品销售出去后，一段新的关系才刚刚开始，通过对用户关系的管理，品牌商能持续地获取价值。

2015年5月，加多宝发布了自己的"移动互联网＋"战略，紧接着，王老吉也发布了自己的"超吉＋"战略，宣布向互联网转型①。无一例外，它们都是希望通过瓶身上的二维码，将每年几百亿销量的

---

① 叶小果. 王老吉：60亿罐凉茶的"超吉＋"战略［J］. 新营销，2015（11）：70-71.

线下优势打造成新的线上入口，从而为消费者提供更多价值和玩法。互联网转型和平台化转型的大幕已经拉开，平台型企业和互联网企业的差异越来越模糊，因为所有的平台型企业都是互联网化的企业。

第四节　传统市场平台化转型探索

一、平台化转型的体现

"平台化转型"已然成为近年来最为火热的管理学新词之一，平台化转型主要体现在以下几个方面：

（一）提供企业网上入口，为产品进行导流

从互联网平台刚刚兴起并开始流行的时候起，平台的这个作用就淋漓地展现了出来，无论大公司还是小企业，不知从何时开始都纷纷建立了自己公司的平台账户，尤其是微博、微信公众号的出现，使得建立网上企业门户的成本大大降低。出于拥抱互联网平台的目的，客观上绝大多数传统企业已经初步实现了使用互联网并让其为自己的产品导流。这样的平台型企业账号本质上可以说是企业在平台上的用户入口，其重要意义不言自明。如何打好"入口战争"是传统行业必须思考的问题。

（二）打破交易空间限制，扩大交易范围

传统行业的交易往往受到空间的限制，比如在电商平台出现之前，广州人一般不会成为北京全聚德烤鸭的潜在顾客，除非他们去北京旅游。但是有了电商平台，北京全聚德烤鸭可以卖到全国乃至于世界各地。交易空间被打破，交易范围成倍数扩大，这样直接的结果就是潜在客户群体成为原来的 N 倍。

（三）降低交流成本，实现快速交易

交流主要包括四个方面：信息交流产生信息流，商品交换的发生产生商流，资金收付产生资金流，商品运输形成物流。平台降低交流成本主要体现在前三个方面。

（四）降低反馈成本，获取用户反馈

传统企业一般不做用户反馈，或者仅做小范围、小群体的用户反馈调研。由于数据样本小，用户信息不完整，挖掘数据信息仅仅靠人力等原因，使得用户反馈并没有发挥很好的作用，多数企业依然是"我生产什么，消费者就买什么"的思维方式。但是，在大量平台主导用户入口的时代，获取用户反馈变得十分简单并且成本大大降低，一个淘宝用户就可以获取几千几万条用户反馈，这个在以前是难以想象的。获取用户反馈，不仅可以使用户有一种被尊重的感觉，提高用户忠实度，而且可以将获得的反馈数据进行数据挖掘，从而生产出更加符合用户需求的产品。这也是平台各方互动的精髓之一，而且可以为数据挖掘提供原始数据积累。

（五）挖掘数据内涵，绘制典型用户画像

现阶段传统行业的产品或者平台型服务产品，同质化现象非常严重。比如说即时通信平台，与微信、QQ 相类似的平台就不下数十个，并且功能大同小异；再比如智能手机，网络电视，智能家电，翻译软件、安全杀毒软件、视频平台等，除了品牌不一样，各个产品的功能、性能、外观，甚至价格都十分类似。从历史的发展来看，这些产品制造商、内容制造商和服务提供商必然需要更加准确地把握用户脉搏，进而在新的一轮角逐中占据主动地位。而把握用户脉搏，必须依靠的就是数据挖掘，进而实现典型用户画像。这一点需要基于平台中的用户互动数据来实现。

（六）进行产品模拟，降低研发成本

由于扩大用户基础的需求，很多平台，如软件产品的用户边际成本趋近于零，可以对一方用户实现免费。因此，平台型企业经常奉行"免费策略"甚至是"补贴策略"。大多数由传统企业转型而来的平台型企业，也可以使传统行业降低研发成本，方式就是通过互联网进行产品模拟。先把产品功能、样式模拟出来，放在平台上看用户的反馈；或小规模量产出来，对意见领袖进行投放，通过平台中的用户互动获得用户反馈。达到满意程度之后再生产，这样自然就可以将研发成本降低。

二、平台化转型的议题

（一）什么样的行业容易平台化

零售业最容易平台化发展。目前，发展的比较好的平台型企业，如淘宝、小米、滴滴等，都是处于产业链最末端的零售商。一方面，零售业并不需要强大的跨学科、跨行业能力，从业者能力要求并不高；另一方面，零售业也基本不需要国家、政府的牌照，就算是许可证相对来说也能容易办到。因此，传统企业并没有什么绝对优势，几乎不形成行业壁垒，从而很容易受到需求偏好的影响进行平台化转型，也可以说形成"互联网＋"模式。最具代表性的例子就是国内的京东和苏宁易购，阿里巴巴以及旗下的淘宝、天猫，国外的亚马逊等。腾讯和百度之所以一直想要做电商，原因也是在此。

但是，有的传统行业与此却大有不同，比如金融行业，还有教育行业等，这样的行业准入门槛很高。因此，在这种行业中，传统企业有着突出的优势，已经形成了较大的行业壁垒，不愿意或没有强大的压力进行平台化转型。在这些行业已经出现的平台型企业，如众筹平

台、P2P 理财平台、Mooc 教育平台在现阶段不可能占据绝对的主导地位。互联网金融平台做金融只是做传统金融企业不想做也没有精力做的部分；互联网教育大多数也是由传统的教育大公司凭借自身行业优势来做的，比如说新东方的网上课堂以及学而思的在线教育，但其平台定位依然是附属于或服务于线下的教育实体机构。

（二）O2O 平台如何改善传统行业

平台化转型催生最多的平台商业模式就是"O2O"平台。O2O 概念的出现不可谓不早，但是真正使得全民为之侧目的还是因为我国的"互联网＋"概念备受国家层面的重视，迅速深入人心。无论是以"河狸家""滴滴打车"等为代表的"互联网＋服务业"平台，还是以"饿了么""美团外卖"等为代表的"互联网＋餐饮业"平台，抑或是以"联想佳沃"为代表的"互联网＋农业"平台，O2O 平台几乎可以说是传统企业进行平台化转型的最佳选择。在其中，作为老牌平台型企业，百度积极进行 O2O 平台布局，其旗下的三大移动互联网入口级 O2O 产品——百度地图、百度外卖、百度糯米①，靠百度巨大的流量以及充裕的 POI（Point of Interest）数据，迅速成长为巨无霸级超级 App 产品，研究其 O2O 业务发展，有着积极意义。

O2O 业务，涉及线上业务、线下业务以及线上线下通道三个方面。线上业务主要是信息的产生与交互，简单来说就是让用户知道自己想要的服务在哪儿并能较为准确地对其服务产生正向的期望。线下业务就是服务的顺利进行，满足用户需求。线上线下通道作用主要有三个：其一是将线下企业的服务信息及时、简约、准确地提供给用户，与线下企业门户对接，为线下企业门户导流；其二是帮助线下企

---

① 胡杨．互联网三巨头 BAT 的 O2O 布局大观 ［J］．商场现代化，2014（3）：57.

业完成商流与资金流的转换，并进行合理的利益分配；其三是线上收集用户反馈，对线下企业的产品规范或提供指导。

（三）"线上 to 线下"模式中存在着供需空间匹配的基因

这么多年，由于缺乏结合点，在传统企业如何平台化转型，如何重建制造商和消费者关系方面并没有实质性的改变。而移动互联网的出现正在逐步改变这种局面，尤其是二维码和微信的普及。传统企业利用平台建立用户入口，并不是说要品牌商抛弃渠道，而是说要在渠道之外，建立属于企业自己的、可持续的增长途径。最终实现从渠道引流，在企业内沉淀，持续激活的健康发展。要将用户沉淀下来，并持续激活，就必须有留存用户和到达用户的有效手段，而这正是O2O 平台最大的优势。

第三章　网络效应

第一节　网络效应概念

一、网络效应

网络效应是指产品的用户网络越大，就会吸引更多的新用户加入的现象，例如电信服务。直接网络效应指用户可以从更大的用户基数中获得更多价值；间接网络效应是指用户增多后，市场中提供的产品配套设施或服务增多，用户进一步获得价值。Katz 和 Shapiro（1986）认为购买汽车的人越多，维修网点就越多，配件更齐全，就能为消费者提供更多便利，这些直接决定着消费者的购买决策。

微信就具备这种正的网络效应，如果你是世界上第一个使用微信的人，你可能觉得微信不太好用，但是你周围的人开始使用微信以后，每个人都觉得它的效用更高了。当你多一个朋友开始使用微信或者 Facebook，你的效用也就增加了。到后来，形成这样一种现象：每个人都用微信，要是你不用微信的话，你就像是被这世界给抛弃了一样。传统的农贸市场则没有这样的现象，当你走到一个农贸市场，正要进去的时候，发现里面黑压压都是一片都是想要买菜的人。要是你要进去买菜，很有可能要排很长的队，排到你的时候可能连新鲜的菜都没有了。市场越来越多要买菜的人，对于你这个新要买菜的人效用是提高了，还是降低了？答案是降低了。越多的人使用反而造成新用户得到的价值是降低的。我们也可以说农贸市场的网络效应为负，想要进入的新用户会偏好找一个人比较少的菜摊。最后用户就会很均匀地分布在各个菜市场，而不会有一家菜摊会赢家通吃，一家独大（陈威如，2016）。

网络效应改变了消费者行为和市场竞争机制。研究表明：网络效应产品推广的过程中用户网络规模或互补品网络规模起决定作用；新技术推广初期由于消费者群和互补品提供商群体对彼此都不看好，新产品的导入期缓慢；旧技术锁定消费者，通吃全局（段文奇和陈忠，2007）。产品竞争更多的是一种"产品—互补品—配套技术服务"产品体系的竞争。企业不仅要在产品的用户规模，还要在产品体系的规模达到临界值之后才能打开市场。

需要思考的是，怎样在传统行业里导入网络效应？让越多的消费者在使用产品的时候和其他消费者之间产生关联，而且这个关联是正向的效用，不是负向的效用。

二、双边市场

上文中微信的例子描述的是单边网络效应。即只有用户对用户有影响。我们再举一个交叉网络效应的例子。因为平台商业模式通常是双边市场或多边市场，因此存在着各方之间的相互影响机制，即交叉网络效应，以奇虎360为例。该公司起步于2006年，推出了安全软件产品——360安全卫士[①]。最初，奇虎将该产品免费发布，这个

---

① 孟亚洁. 别让垄断束缚创新手脚［J］. 中国电信业，2014（1）：56-57.

在当时是很不寻常的举动，既是为了建立用户基础，又是为了充分利用这款杀毒软件的一大特色：学习及改进的能力。奇虎的服务器与其他类似公司不同，不仅把360安全卫士检测出的恶意软件列入"黑名单"，还将用户计算机里常见的程序汇总成"白名单"。安装360安全卫士的用户越多，奇虎从这两个列表中获得的信息就越多，软件进行扫描时识别病毒和可疑文件的速度也就越快。每个新用户都会让产品得到改进，继而吸引更多的新用户，如此形成良性循环。奇虎的核心产品聚集了广泛的用户基础，证明了开创新平台的巨大价值。第三方软件公司迫切希望通过奇虎这个渠道接触客户，奇虎也可从中获利。奇虎公司自身也充分利用其用户基础来介绍和推广新产品，例如，用安全软件交叉推广网页浏览器，用浏览器推广搜索引擎，让这两个产品迅速获得了可观的市场份额，随后在浏览器和搜索引擎顶端放置了广告平台。奇虎如此迅速地把早期产品成功转型成平台，令竞争对手望尘莫及。

这种存在着一边连接着需求端，另一边连接着供给端，并且双方还存在着交叉网络效应的平台，被称为双边市场（孟昌和翟慧元，2013）。Armstrong（2004）认为，当市场中存在通过平台联接的两组用户，一组用户加入平台的收益取决于另一组用户加入平台的规模时，平台市场是双边市场。Rochet和Tirole（2003）从价格结构特征角度将双边市场定义为：在平台向需求双方索要的价格总额不变情况下，若任何参与方面临的价格变化都会对平台总需求和交易量有直接影响，那么平台市场就是双边市场。他们认为，科斯定理失效是判断双边市场的必要条件（而非充分条件）。换言之，用户能够通过讨价还价达到帕累托最优时，为单边市场。不存在会员外部性条件下，交易双方能通过谈判或垄断定价达成交易，也属于单边市场。

Rochet 和 Tirole（2003）对双边市场界定时也隐含了交叉网络外部性，认为平台可通过调整价格结构来内部化这种外部性时，就把交叉网络外部性与价格结构结合在了一起。Evans（2003）将双边市场特征归结为三个：其一，不少于两组不同类别的消费者群组；其二，组间成员能从需求协同中增加效用，即两类消费者群组之间有交叉网络外部性；其三，某中间人能够比群组成员间的双边关系更有效地促进需求协同。双边市场基本特征的共识主要有三点：一是具有交叉或者双边网络外部性。二是具有价格非对称性。当平台型企业索要的价格总额不变时，可以通过调整对双边用户的收费实现利润最大化，而不是按照边际成本等于价格（边际收益）的原则确定，此时平台型企业对用户的定价不对称，即倾斜式定价。不对称定价能吸引用户参与，并内部化用户间的网络外部性。三是需求的互补性或相互依赖性。双边用户同时对平台型企业的产品有需求时，产品才有价值。

第二节　相关研究的发展动态综述

一、网络效应的研究历史

网络效应是指使用相同产品或服务的消费者形成一个网络，当其他消费者购买这样的产品或服务，加入这个网络时，就会获得额外的价值。因此消费行为不仅受到产品本身的价值还要受到网络价值的影响。Katz 和 Shapiro（1986）将消费者从网络中获得的两种正反馈机制分类界定为直接网络效应和间接网络效应。直接网络效应指使用基本产品，如硬件，用户网络规模增大对用户价值产生的影响，间接网络效应指用户增多后引出基本产品的互补产品，例如软件，形成的产品网络规模对用户价值产生的影响，可以称为"硬件/软件"范式。

网络效应和市场正反馈机制改变了消费者采用行为和市场竞争机制。众多实证研究表明，在网络效应的作用下用户规模具有强大的竞争优势。Mahler 和 Rogers（1999）认为网络效应在特定类型产品的采纳中起到了重要的作用，尤其是可相互进行信息交流的高技术产品，如通信服务、互联网行业产品等。Park（2004）对 1981～1988 年的 VCR 市场情况进行了研究，研究发现网络效应上的优势是 VHS 最终战胜 Betamax 的最主要原因。梅特卡夫定律甚至认为，网络价值与网络规模平方成正比，该定律充分强调了网络规模的重要作用。许多互联网公司据此采用了"迅速扩大网络规模"的扩散战略。

除了直接网络效应的网络价值优势，间接网络效应还给消费者带来更高的转移成本，形成了产品的锁定作用。研究发现耐用型产品更容易锁定，因为价值折旧慢，而且通常需要购买互补产品才能使用，如果互补品价格高也是耐用型，而且同一厂家，锁定程度更高（刘怀伟和贾生华，2003）。

网络效应下企业用户基础带来的网络价值以及互补性产品的锁定作用，导致了主流产品或企业可以借助正网络效应巩固市场地位，形成竞争壁垒，这似乎对没有用户基础的新产品或平台的发展非常不利。例如，传真机本身的技术属性已经很落后，但由于使用网络巨大，并且已经成为商务联系的"标准"制式，很难被淘汰。2008 年我国 3G 网络技术推广初期，由于受到了已有 2G 网络的限制，网络规模发展缓慢，3G 应用开发数量少、质量差，导致用户数量增长更加缓慢。一些研究者也会悲观地认为"个体改变"对于网络效应很难，只有突发事件造成的"集体改变"才能打破旧技术的网络效应

（丁继锋，2012）。

网络效应能够带来更长久的领先优势，网络外部性还可以改变平台的定价规则。在传统思维里，我们一致认为因为需求曲线是一个负向的曲线，价跟量是反比的关系。我们的创新常常都是因为消费升级所带来的创新，刚开始都是针对着一个市场上比较愿意支付的人群，所以价格会比较高。随着发展准备把量扩增的时候，惯性的思维是得先降价，量才能够扩展市场占有率。我们一直陷入一种思维，就是说如果你要有量，你的价格或者获利率就得牺牲，就得下降。也就是，价和量，利润和销量是不能两全的。

但是在有网络效应的市场里，价跟量的关系是什么？如果你是世界上第一个使用微信的人，市场占有率为零，你根本不愿意为微信付任何的钱。当微信的市场量越来越大的时候，每个人想要花在微信上的钱随着量往上增加，这条线会变成一条正向的线。如果能够达到一个越大的市场占有率，你能够订的价格反而会是更高的价格，而且会是一个消费者甘愿付的钱，在网络效应下，价格和销售量可以呈现一个不可思议的正比例增长关系。

二、网络效应的反作用——局部网络效应

现实中很多情况却与这种担忧不完全相符。在某些具有网络外部性的市场中，即使某种产品已经占领了大部分的市场份额，但是仍存在一些虽然市场份额较小却仍拥有稳定用户群的竞争对手，"赢者"难以真正"通吃"市场（周琦萍，徐迪和杨芳，2013）。Lee 和 Song（2003）指出消费者将即时通信主要用于与朋友进行交流联系，且即时通信软件之间是互不兼容的，因此消费者对即时通信软件的选择主要受其朋友的影响，而与陌生人的选择几乎没有关系。Tucker

（2004）在其研究中实证分析了一家金融公司员工采纳一种视频信息技术的过程，发现员工的采纳决策仅受到与其有相互联系的员工的采纳行为的影响；此类产品竞争扩散导致的市场格局并非全局网络效应所能解释。

此类产品的网络效应表现在当消费者做出采纳决策时通常是受到其熟人或朋友而不是市场整体消费者的采纳行为的影响，一些学者称这种现象为局部网络效应。局部网络效应可以保有某些局部区块的市场占有率，对创新非常有好处。具有局部网络效应的产品，只要营销得当，反而能获得快速的传播效果。

现有的局部网络效应对产品扩散或平台发展的影响研究主要基于现实中以血缘、地缘、业缘为纽带的社会关系网络。一个不容忽视的现象是互联网，尤其是 SNS 社交网络使有着共同兴趣爱好、共同价值观或者共同利益的人能跨越时空障碍，聚集到一起，构建了一个个新的部落，即在线社会网络（付晓燕，2010）。

以在线社会网络平台为例，虚拟的顾客间网络的存在形式很多，并随着网络技术的发展出现了网络结构更清晰，对用户的影响更突出的特点（Mislove et al.，2007）。在 Web1.0 时代，BBS 论坛提供了用户网络的初始模式。BBS 与新闻网站最大的不同在于其主要信息源由注册用户发布，一个 BBS 网站能否实现服务职能取决于它能否吸引足够数量的用户注册（毛承杰等，2013）。BBS 在线顾客网络的代表有企业建立的品牌社区，如哈雷机车品牌社区、京东社区、淘宝社区等购物分享平台中的"产品大家庭"；用户自建的产品讨论区，如 Matlab 软件学术虚拟社区等。这些网络用户之间的连结不固定，连接到新用户的方式主要依靠网络搜索。发展到 Web2.0 时代，"节点—节点"的对称结构进一步取代了"中心—

边缘"的结构，以"创造和分享"为目的的网络传播活动大量增加（彭兰，2005）。众多的 SNS 应用，如社交网络、微博、即时通信系统等，为互联网用户提供了一种全新的人际交往、信息发布和共享方式，出现了更多的在线社会网络。其中的代表有第三方平台上建立的"朋友圈"，如开心网的"品牌账户"、新浪微博的"企业账户"、微信的"企业账户及企业公众账户"等。在 SNS 虚拟社会网络中，"加关注""转发"等行为使用户之间的关系相对牢固，形成的网络结构也更加清晰。连接到新用户的方式主要依靠用户间的信息分享。这些在线社会网络的共同点是，通过"用户创造内容"产生价值，并且，结构无明显的网络中心，用户既是信息的接受者也是传播者和创造者。

由于在线网络交流发挥着使产品信息透明化，为消费者提供价值的作用，所以对消费者的影响越来越强。根据中国互联网络信息中心 CNNIC 的 2012 年网民消费行为调查，互联网是唯一一个能够集"问题识别、信息搜集、选择评价、决策购买、购后评价"一系列消费为一体的媒体平台[①]。互联网提高了用户的购物效率，缩短消费周期，改变了用户的消费行为模式（见图 3.1）。

如果在线社交网络平台对人们的生活产生了深刻的影响，这种在线社交网络平台也具备网络效应，那么局部网络效应理论就具有更广泛的现实意义，也就有了更广阔的应用平台。需要研究的就是形成的用户网络是否与真实网络一样具有较强的网络效应。如果答案是肯定的，企业就需要更加重视在线顾客网络的经营，增强企业产品

---

① 中国互联网络信息中心. 中国互联网整体网民发展状况——《第31次中国互联网发展状况调查报告（上）》[J]. 互联网天地，2013（1）：88-93.

的局部网络效应效果，使顾客有很大可能性参考虚拟社会网络中的大多数消费者行为进行消费，而不是整个市场中的消费者采纳比例。进一步需要回答的就是，如何结合在线网络的特点发挥网络效应对产品扩散或平台发展的影响。

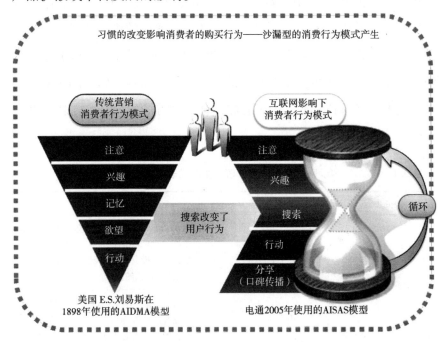

图3.1　在线社会网络对消费者行为模式的改变

资料来源：Xu C, Quan H, Han G. Researd on the Marketing Strategy of the New Media Age Based on AISAS Model：A Case Study of Micro Channel Marketing［M］. Singapore：Springer, 2017.

接下来我们将对本书所研究问题的相关领域的学术研究动态做一个简要的梳理，加固本章的研究基础。首先我们关注研究的大门类——网络效应下产品（平台）扩散研究的主要方法，然后讨论微观产品（平台）扩散模型与局部网络效应的研究成果，最后补充网络效应的实证研究成果。

三、网络效应下的产品（平台）扩散研究

Katz 和 Shapiro 最早于 1985 年提出了网络效应的界定方式，并得到学术界的广泛认同。早期新古典经济学框架内的研究通常将网络效应表述于消费者效用函数之中。消费者表现出对网络产品的需求特性，追求效用最大化。同时，厂商在网络效应的正反馈机制下，追求利润最大化，考察市场最终达成价格和产量的均衡。基于这种方法，网络效应主要被应用在对标准竞争、平台兼容问题，网络效应的动态定价、专利联盟、企业集群、合作竞争等问题研究中（见表3.1）。

表 3.1　　　　　　　　**网络效应的主要研究主题代表性文献**

研究主题	作者	研究结论
标准竞争、平台兼容	Katz, M. L., Shapiro, C. (1985, 1986)	消费者关于未来的选择会影响市场的结果；对标准的产权所有者运用其垄断租金来投资安装基础从而刺激选择，也会促使锁定的产生
	Farrell, J., Saloner, G. (1986)	网络产品市场中，产品不一定需要在质量或者价格方面取胜才能成为新标准，其关键在于网络效应导致的市场顶期
	Shy, O. (2001)	如果消费者对技术质量的偏好与对网络规模的偏好完全互补，则技术进步可能会出现停滞均衡；如果完全替代，只要新技术质量提高的程度不足以补偿网络规模的减小程度，新技术也不会被采用
网络效应的动态定价	Thum, M. (1994)	在网络效应的假定下，分析采用 Bertrand 价格竞争的厂商，对软件升级方式的选择
	Ackere, A., Reyniers, D. J. (1995)	两阶段博弈，探讨独占厂商如何使用"以旧换新"策略或者"新用户优惠"策略对新旧消费者进行歧视性定价

续表

研究主题	作者	研究结论
专利联盟	Fang, G. , Pigneur, Y. (2007)	与焦点研发企业有直接联盟和间接 R&D 联盟关系的研发企业的数量影响 R&D 联盟网络绩效
企业集群	Staber (1998)	集群企业成活率与企业间合作的数量和质量直接相关

　　体现网络效应思想的创新扩散研究起源于 Bass 模型（Bass, 1969），即宏观扩散模型。Bass 模型中驱动新产品在市场中进行动态扩散的因素有两类，即广告等营销促销工具的外部作用和消费者口碑所产生的内部作用，并且消费者口碑的作用效果与已经购买新产品的消费者人数成正比。Bass 模型在创新扩散和营销科学的研究进程中具有里程碑意义，自发表以来有近 1000 篇研究论文引用和回顾了 Bass 模型的工作。2003 年国际管理学权威期刊《Management Science》将 Bass 模型评为过去 50 年中 10 篇最具影响力论文之一，Bass 模型的开创者 Frank Bass 也被誉为营销科学之父（陈锟，2010）。

　　直接将网络规模等变量引入消费者的效用函数表示网络效应的方法可以使学者们很容易地将网络效应引入自己的研究问题，有利于网络效应研究迅速展开。但这种方法的应用隐含着一条重要假定：网络节点没有远近亲疏之分，每个消费者以相同的概率与网络中的其他消费者发生网络联系。因而消费者的效用唯一取决于整个网络的规模（邢宏建，2008）。Weitzel 等（2006）认为在新古典框架下研究网络标准竞争问题存在固有不足，最致命的缺陷在于目前还不能将网络消费者之间关系的"远近亲疏"纳入研究框架，同时 Bass 模型也被质疑只关注市场宏观变量的变化。消费者市场是一个复杂系统，研究者不仅应当讨论新产品购买人数的变化，还应当探讨导致该种变化的微观机制。

20 世纪 90 年代中后期，社会学和复杂性科学领域对消费者关系及其网络拓扑结构做出了开拓性研究。社会学提倡将经济管理问题嵌入社会结构进行研究，并发展了定量研究——社会网络分析方法。复杂性科学研究发现，现实中的社会网络存在一定程度的集群现象，其中典型的网络结构有小世界网络、无标度网络、社群网络等，如表 3.2 所示。

表 3.2　　　　　　　　典型社会网络的拓扑结构特征

类型	拓扑结构特征	扩散优势	实证研究	研究对象
小世界网络（Small World Network，SW）	同时具有网络中的大多数节点以较短的路径相连和较高的网络聚集度两类属性的网络（Watts and S trogatz，1998）	小世界理论表明不论网络规模有多大，只要经过有限的几条边，就可以从网络的一节点到达其他任意节点，该理论也被称为"六度分离"理论	Mislove A. 等（2007）	Youtube、Flicker
			Java A. 等（2007）	Witter
无标度网络（Scale-free Network，SF）	度（节点的连边数）的分布服从幂律分布的网络，节点之间的连接状况具有严重的异质性	少数称之为 Hub 点的节点对无标度网络的运行起着主导的作用	Goldenberg 等（2009）	韩国某社交网站
社群网络（Connecting Nearest Neighbor，CNN）	存在分割的子网络，子网络内部连接紧密，子网络之间的连接较松散（Rogers，1995）。高度节点倾向于连接其他高度节点的网络也称为同配网络	同配性说明网络具有更低的扩散临界值	樊鹏翼等（2012）	新浪微博

网络效应研究借鉴了这些理念和工作成果，肯定了个体的异质性。具体体现在工作中包括：（1）对网络中个体消费者的效用进行表述。（2）指定网络结构及消费者之间的拓扑关系。（3）根据研究问题设定相应模拟参数。（4）运用仿真模拟软件进行多次模拟运行（通常为几十次以上），取得模拟的结果。（5）考察创新扩散从微观主体动力学行为到宏观整体动力学行为的涌现过程。对模拟结果进行解读和阐释。网络效应的这种研究范式，被各学科学者所重视并应用。经济学者称之为基于主体的计算经济学方法（邢宏建，2008）；复杂科学研究称之为复杂系统的多个体自适应仿真模型；创新扩散研究称之为微观扩散模型，与 Bass 模型相区别（赵良杰，2011；赵保国，余宙婷，2013）。

四、微观产品（平台）扩散模型与局部网络效应

微观扩散模型为创新扩散研究开辟了全新视角。Valente 发现创新采纳中个体决策函数的阈值受到人际关系网络的影响（Valente，1996），Dunia 采用平均场的方法发现创新扩散阈值取决于网络连通度的具体分布（Dunia，2008）。还有一些学者发现社会网络的小世界特征、网络层级结构、网络关系强弱（Abrahamson and Rosenkopf，1997；黄玮强和庄新田，2007；张晓军，李仕明，何铮，2009）也对创新扩散具有影响。

微观扩散模型在分析个体如何受自身网络结构影响的过程中发现了局部网络效应。微观层面采纳个体之间的交互作用导致个体采纳某种创新的效用与其所处社会网络邻居的局部网络效应有关，周围邻居的采纳创新的比例越高，局部网络效应强度越强，个体采纳该创新所获得的效应也就越大（Goolsbee and Klenow，2002；Birke and Swann，2006；Sundararajan，2007）。局部网络效应对创新扩散具有重要意义。局部网络效应进一步带动了微观创新扩散模型的研究，表 3.3 列举了国内外主要研究工作及其成果

表 3.3　　　　　　　　局部网络效应视角的微观扩散研究

作者	年份	主要研究结论
Jullien B.	2003	存在局部网络效应的双寡头垄断市场进行价格歧视是可行的
段文奇，陈忠	2007	用户基础会影响产品扩散的程度但不是驱动产品成功扩散的最关键因素
Banerji, A., Dutta, B.	2009	局部网络效应的存在，由不同用户群体构成的网络结构会导致市场细分
Corrocher, N., Zirulia, L.	2009	实证分析的方法证实局部网络效应影响了消费者对移动通信运营商的采纳决策行为
赵良杰，武邦涛，陈忠，段文奇	2010	在某些创新收益很高的情况下，局部网络效应的影响也会导致扩散失败
赵良杰，姜晨，鲁皓	2011	在局部网络效应作用下，个体创新偏好异质性对创新扩散规模和速度的影响程度会改变，但网络结构的影响不变
周琦萍，徐迪，杨芳	2013	局部网络效应中，影响竞争产品成功扩散的关键因素不是用户基础，产生局部网络效应的网络拓扑结构起主导作用

五、网络效应的实证研究

实证工作对传统的网络效应产品已经形成了较科学的网络效应测度方法，如表 3.4 所示。但对在线社会网络的网络效应关注主要停留在一种定性的认知上。如杨惠馨，吴炜峰（2009）指出，目前互联网上存在的各类论坛、群空间、博客、播客等，均是消费者分享消费体验，沟通商品新信息的重要平台。随着参与沟通互动的人数增加，更多的商品新属性被发现，更多的消费信息将被打上"满意"

或"抱怨"的标签。一个消费者/用户从该种商品的消费/使用中所获得的收益（效用），随着其他消费/使用该种商品并参与信息互动的人数的增多而增加，这无疑是一种"网络外部性"，并将网络效应归为"信息分享""隐藏个人信息""谈判能力增强"所带来的正反馈效应。Lin 等（2010）和傅亚平、赵晓飞（2011）的 SNS 社交网络用户动机的研究中直接定义了网络效应。定义了在线社会网络的直接网络效应来自参与成员数量，间接网络效应来自网站的感知附加功能，如网站提供的分享工具和网络日志、社交游戏、即时通信等各种附加工具。目前尚未见有研究对在线社会网络的网络效应进行测度分析。

表 3.4   实证工作中的网络效应测度方法

研究对象	网络效应类型	数据来源	测度模型	学者信息
微机系统	双边网络效应	美国计算机行业数据	向量自回归模型	Gandal 等（1999）
杂志	双边网络效应	德国杂志业行业数据	Armstrong 平台竞争模型	Kaiser 等（2006）
彩电	双边网络效应	国家统计年鉴	结构方程模型	张晓明（2007）
即时通信	直接网络效应 双边网络效应	消费者问卷调查；中国互联网信息中心（CNNIC）	自网络效应回归模型；交叉网络效应模型	胥莉等（2008）

第三节 网络效应对平台发展策略的启示

一、打造网络效应的方法

上文已经指出双边市场中的网络效应可以分为同边的直接网络效应和双边相互作用的交叉（间接）网络效应。那么当不存在这些网络效应或强度较弱时，如何打造网络效应？我们以独特的红包发放机制为例。以前滴滴、快的竞争如火如荼的时候，它们用的一种促销是补贴红包，用户打过一次车就给用户一张优惠券，如果用户在三个星期内再打车就可以用这张优惠券。这是一个单一的优惠方式，只能激发单个用户的使用频率，不产生网络效应。但如果红包的补贴方既包括用户也包括出租车司机，如果每向用户补 10 元，出租车司机也可以获得 5 元的奖励，那么就可以激发平台上的出租车司机多宣传使用红包，宣传使用打车平台，用户频繁使用的正反馈。这样的红包机制产生了较强的交叉网络效应。滴滴创立了红包式的优惠券，它给你30 张优惠券，但是你都不能自己用，你要发到朋友圈。有的人会发，因为他觉得自己发了朋友圈以后，朋友去打车也会拿到 30 张券，他发出来的时候朋友就上去抢，而且还不只抢一次，可以抢好几张。30张传播 6 次就覆盖超过 1 亿人次，可能花费不到一个星期，达到病毒传染的效果。这样的红包机制就产生了较强的同边网络效应。

风靡世界的游戏《我的世界》（已被 Microsoft 收购），其特点就是通过用户参与、用户创造价值产生了较强的平台网络效应[1]。这款游戏把用户的探索能力、创意和创造力发挥到了无限大，游戏中没有任务、没有目标、没有规则、没有主线故事，甚至没有一种固定游戏方式，只是用户自己凭意愿建造自己的设计的建筑，构造梦想世界。因为玩家的创意是无极限的，所以游戏的内容也是无极限的。约有39% 的玩家曾将该游戏介绍给自己的亲朋好友。热情高涨的《我的世界》粉丝在 YouTube 和在线社区中大量发布各自的作品成果，吸引更多的爱好者观看，营造了更强的同边网络效应。在不凭借大张旗

---

① 彭丰. 我的世界我做主 [J]. 微型计算机，2015（35）：48 - 51.

鼓的市场营销，而是倚仗着游戏口碑和朋友之间的相互推荐的条件下，《我的世界》已经成为目前世界上最成功的游戏之一。

二、如何将用户的网络效应由负转为正

有些商业模式面临着更困难的情况，用户之间的网络效应为负，例如之前的农贸市场模式。怎么改变这个模式？就在于我们能不能利用这种网络效应，把用户跟用户之间的关系从以前的负向效应或没有关系，变成正向效应，使收入实现指数型的增长。如何能够把企业做到具备这种网络效应，是在做商业模式设计的时候特别要注意的地方。无论做不做平台，都可以把网络效应的概念导入，都能考虑怎么在产品研发、功能设计、销售方法、售后服务环节使用网络效应。

一个较好的例子是导航软件。以前的导航软件考虑更多的是把系统做好，屏幕界面比较呆板。现在屏幕互动做得好看一点，还想到司机开车的时候会很无聊，就加上周星驰的声音、林志玲的声音。但是，加了这么多的东西都只是在为用户单独驾驶提供服务，没有产生网络效应。因为每一个用户都没有被连接，都是单一的，没有哪个用户会因为别人在用什么我也要用什么。后来出现了一个新功能"实时路况"，"实时路况"需要随时更新，大街小巷的海量信息从哪里来的？从用户身上来的。用户并没有直接上传信息，是在打开这个App用的时候，GPS定位技术算准了速度、移动的距离。这个应用如果越多的人使用，实时路况数据就会越准确，滚雪球效应，使用的人会越来越多。这个市场最后会变成赢家通吃，大家都要用一个最多人在用的平台，新兴的企业即便技术很好也很难做起来。这就把一个原来不是赢家通吃的市场变成是一个赢家通吃的市场，它导入的是一

种网络效应的做法（陈威如，2016）。

陈威如认为这不只是一个技术的改变，还是一个聪明的机制设计：每个人打开 App，都是抱着为别人服务的心态吗？不是的。可是这个平台却能帮每个人的行为转变成一个利他的结果。这给平台化转型的企业带来很多的启示。如果平台能够把每一个用户的利己行为转换成一个对整体用户有利的行为，这个平台就会成功。他还举了一个例子，打车、外卖行业厂商的困局就在于同边正向网络效应不明显，甚至还有负向的问题。就是说，当平时大家各打各的车没问题，但是在高峰期都打不到车，公司同事竟然变成竞争者，这种情况就会导致同边的网络效应为负。这时就会造成消费者会去不同的平台试试，他不会停留在这个拥挤平台上。司机的同边效应也是负向的，平台上司机太多彼此会抢单竞争。但共乘服务就扭转了这种局面。如果去一个方向的用户可以共乘一辆车，由平台计算路线、费用，并将打包的需求发送给司机，不但共乘的用户越多越可以吸引司机接单，交叉网络网络效应为正，而且用户也会愿意更多地与其他用户拼车，因为费用便宜，打车的效率高。这样平台的用户单边网络效应也就为正了。

第四章 平台网络效应的实证

验证产品或平台网络效应是一切研究产品扩散或平台发展问题的基础，因为网络效应是主导产品扩散或平台发展问题的核心机制。下面我们就以新能源汽车产品为例，实证检验新能源汽车市场上的网络效应。

第一节 网络效应实证研究背景

2010 年 9 月，新能源汽车被国务院确定为七大战略性新兴产业之一。2014 年 5 月，国家主席习近平在考察上汽集团时强调，发展新能源汽车是我国从汽车大国迈向汽车强国的必由之路。虽然新能源汽车产业从上游"产业研发"到终端"购车补贴"都享受了政府的重点支持，获得了爆发式的投资浪潮，但是这些并没有真正促进私人消费市场的销售（林维奇和陈启杰，2012）。首先，中国汽车工业协会数据显示我国新能源汽车年产销仅逾万辆（2012 年产 12552 辆，销 12791 辆；2013 年产 17533 辆，销 17642 辆），而且其中大部分属于政府采购公车，私人购买量仅占 10%（张贵群，2014）。其次，与普通汽车相比，新能源汽车虽然在一些地区获得了限行限购"豁免令"，仍无法吸引消费者。2014 年 3 月，天津个人电动汽车的有效申请量从 2 月的 125 人下降到 85 人，仍有数百个节能车摇号指标无人"认领"。2014 年上半年，北京的 6000 辆指标中实际上牌的新能源小客车仅为 320 辆（李冬阳，2014）。而与惨淡的销量数据相比，2011 年德国莱茵 TüV 全球电动车市场调查结果显示超六成中国消费者表示电动车的续航特性适合市内中短途用车，青睐纯电动车的调查对象占总数的 88%。以上鲜明的反差说明，新能源汽车市场面临的首要问题是消费者对产品正面的态度无法转化为购买意愿。

综上所述，引入产品之外的影响因素对新能源汽车购买意愿分析非常重要。但目前的研究较多地集中在购车成本、汽车品质和使用能耗等产品特征因素上，较少地考虑汽车市场的运行特点，这正是本书试图弥补的研究空缺。本书根据汽车市场的网络效应特点构建模型，分析新能源汽车用户基数、配套设施数、周围人群的影响与购买意愿之间的关系，探究新能源汽车市场中的网络效应运行机理，并为新能源汽车市场推广提供对策建议。

第二节　网络效应实证研究历史及发展动态

一、新能源汽车购买意愿的实证研究

徐国虎等（2010）通过主成分分析法得出影响新能源汽车购买的 5 个主要因子，分别为：售后服务、购置成本、汽车品质、使用能耗和周围影响。蔡建林等（2012）基于科技接受模型，发现产品相对优势、可观察性、消费者创新性、消费者认知行为控制和感知风险均对新能源汽车的采用意愿有显著影响。邵继红和辛明亮（2012）基于文献调研和专家评议筛选了 10 个新能源汽车驱动因素，经过因

子分析发现使用消耗、售后服务、购买成本、汽车质量是当前决定消费者购车的核心因素。王月辉和王青（2013）利用基于科技接受模型和计划行为理论提出的整合模型对新能源汽车的消费者购买意向进行研究，发现购买态度、主观规范（即社会压力）和消费者的自身行为控制力会显著地影响购买意愿，而新能源汽车的感知易用性和感知有用性会通过影响购买态度间接地影响购买意愿。杨媚茹等（2013）实证分析了环境意识、产品认知、产品价值和政府补贴4个因素对购买动机具有显著影响，并且政府补贴对产品认知与购买动机的关系，对产品价值与购买动机的关系存在调节作用。王颖和李英（2013）利用结构方程模型验证了感知风险与涉入程度因素对新能源汽车的购买意愿均具有显著影响，并运用方差分析检验了人口统计变量对3个潜变量的调节作用，发现不同个体差异的消费者感知风险、涉入程度与购买意愿不同。石红波等（2014）以威海"新能源汽车潜在消费者"为研究对象，调研了消费者对新能源汽车的购买影响因素和拒绝购买影响因素，样本整体购买意愿较低（6%），拒绝购买的调查结果显示排名靠前的影响因素分别是续航里程（43.7%）、技术不成熟（18.5%）、价格（12.2%）和配套设施（12.2%）。以上研究虽然对于新能源汽车产品的自身特征因素做了充分的分析，但缺少对于市场运行机制的研究。

二、网络效应下的汽车市场运行机制

实证研究表明汽车等耐用品在消费方面具有明显的网络效应（Katz et al.，1994；刘怀伟和贾生华，2003；石奇和孔群喜，2009）。网络效应是指产品的用户网络越大，就越能吸引更多的新用户加入的现象，如电信服务（Rohlf，1974）。网络效应通过两种途径发挥作用：直接网络效应是用户可以从更大的用户基数中获得更多价值，从而吸引新用户加入；间接网络效应是指用户增多后，市场中提供的产品配套设施或服务增多，用户进一步获得价值吸引新用户加入。例如，购买汽车的人越多，汽车企业在当地设置的维修网点就越多，配件更齐全，为每个消费者提供了更多便利，维修点的多少直接决定着消费者的购买决策（Katz and Shapiro，1985）。

大部分产品，只要保证产品的比较优势后就可以打开市场，但在网络效应产品推广的过程中质量不起决定作用。产品感知质量差异不明显时，旧技术会凭借着用户网和产品互补品网的交叉网络效应锁定消费者（段文奇，2008）。市场演化的结果通常是旧技术继续占据整个市场（赵良杰等，2011），新技术在未达到临界数量之前，由于消费者群体和互补品提供商群体对彼此都不看好，这种交叉网络效应对产品推广又有抑制效应，市场导入期缓慢。这也能在一定程度上解释为什么新能源汽车在我国市场销售惨淡。

在交叉网络效应作用下，产品竞争更多的是一种"产品—互补品—配套技术服务"产品体系的竞争，不仅要在产品的用户规模，还要在产品体系的规模达到临界值之后才能打开市场。企业需要做的就是运用临界用户策略，发展消费者数量，发展自己的产品互补品及配套服务体系，让网络尽快发挥正反馈效应。例如，Sony 公司与JVC 公司的竞争研究表明，尽管从技术层面来看 Sony 产品本身的技术比 JVC 先进，但 JVC 通过构建互补资产联盟，大量普及盒式磁带并提供磁带内容，从而确立了自己的市场地位，打败了技术更加先进的 Sony（Cusumano et al.，1992）。

因此，对于相关企业和政策制定者来说，理解网络效应作用规律，并采用合理的运营和管理策略非常重要。

三、新能源汽车推广体现的网络效应

通过以上对新能源汽车购买意愿的实证研究回顾，本书认为，技术问题（包括电池续航里程和充电时间等）、使用成本、基础配套设施不完善是制约新能源汽车发展的主要问题。

与直接网络相关用户规模是国家政策扶持和补贴的重要方面：2009 年 1 月，国务院首次提出新能源汽车战略，安排 100 亿元支持新能源汽车及关键零部件产业化；2009 年 5 月，以贷款贴息方式，安排 200 亿元资金支持新能源汽车支持关键技术开发；2010 年 5 月，根据财政部、科技部、工业和信息化部、国家发展改革委《开展私人购买新能源汽车补贴试点的通知》，插电式混合动力车最高补助 5 万元/辆，纯电动车最高补助 6 万元/辆；在一些地区，如北京、杭州，新能源汽车获得了限行限购"豁免令"。每项政策都在提升新能源汽车相对于传统汽车的性价比。这在一定程度反映了政策制定者希望新能源汽车通过自身优势打开市场的意图。但在网络效应的作用下，产品自身优势对产品推广的影响远小于网络规模的影响。

与间接网络规模相关的"产品使用成本高和配套服务不健全"等问题，反而是政策较少惠及的方面：按照国家电网规划，2015 年电动车充电站达 4000 座，2020 年将达 1 万座，建成完整的电动汽车充电网络，但截至 2013 年底，国家电网仅建成充电站 400 座；对于"一车一桩"的私人充电桩，由于用电量过大，物业公司反对，安装困难；地方保护导致可选车型过少，充电维修服务过少。以北京为例，《北京市示范应用新能源小客车生产企业及产品目录》中入围车型只有北汽 E150EV、比亚迪 E6 等 7 款。当地比亚迪公司的 10 家 4S 店中只有 5 家，北汽集团的 11 家 4S 店中只有 2 家可以提供纯电动车

的充电和维修服务（搜狐汽车北京站）。产品种类少、维修服务等互补品提供商少、没有配套的公共设施，消费者对新能源汽车未来的使用成本及整个产业的发展没有信心。徐国虎等（2010）通过车主和汽车潜在消费者进行"新能源汽车"的调研，66.3%的受访者担心售后服务不便利，57.2%认为零配件售价过高。

通过文献回顾，虽然大部分工作研究了基础设施、售后服务等具有网络效应的影响因素与消费者购买意愿的关系，但网络效应没有明确地被提出，网络效应主导的市场机制也没有在新能源汽车推广中被验证。因此，有必要基于汽车市场的网络效应机制建立模型，考察新能源汽车消费的网络效应及其对购买意愿的影响，为新能源汽车的市场推广提供对策建议。

第三节　实证研究的假设与模型

网络效应和市场正反馈机制改变了消费者行为和市场竞争机制。Mahler 和 Rogers（1999）认为网络效应在特定类型产品的采纳中起了重要的作用。Park（2004）对 1981~1988 年的 VCR 市场情况进行了研究，发现用户网络规模上的优势是 VHS 最终战胜 Betamax 的最主要原因。以新能源汽车为例，用户增多后，获取购买、使用、维修，甚至消费维权等有用信息的交流成本降低，变相增加了用户价值。因此，在此部分本书提出：

H_1：新能源汽车的用户规模对购买意愿存在正向显著影响。

除了直接网络效应产生的用户规模优势，间接网络效应对应的互补品（配件或服务）规模还会进一步增加用户价值，影响用户的采纳行为。研究发现汽车等耐用型产品间接网络效应明显，因为使用时间长，通常需要购买互补产品才能使用（刘怀伟和贾生华，2003）。Katz 等（1994）认为汽车与汽车修理服务等互补型产品和服务同时出售，才能获得很好的价值，在单独出售时没有太大的价值。张胜（2007）认为质量改进是一个漫长的过程，很难一蹴而就，较差的基础产品质量不能有效地提高消费者信心，企业可以通过营造间接网络效应改变消费期望、增强消费信心，从而在整个产品－互补品系统的竞争中形成消费的正反馈行为，获得竞争力。以新能源汽车为例，充电站、充电桩等基础设施的便利性，维修和保养服务的提供数量构成了间接网络。基于此本书提出：

H_2：新能源汽车的间接网络效应越强，会直接显著地影响消费者对用户规模的预期。

H_3：新能源汽车的间接网络效应会通过影响用户规模，间接地影响消费者的购买意愿。

虽然网络效应的存在会产生旧技术的锁定，但在某些具有网络效应的市场中，即使某种产品已经占领了大部分市场份额，仍存在一些市场份额较小却拥有稳定用户群的竞争对手，"赢者"难以真正"通吃"市场（周琦萍，徐迪，杨芳，2013）。Lee 和 Song（2003）指出消费者对即时通信软件的选择主要受其朋友的影响，与陌生人的选择几乎没有关系，即与整个市场中的软件用户规模没有关系；Tucker（2004）在其研究中发现某金融公司员工采纳视频信息技术的决策仅受到与其相互联系的员工采纳行为的影响。消费者的采纳决策通常是受到熟人或朋友影响，而不是市场整体消费者采纳行为影响的现象被称为局部网络效应。此类产品竞争扩散导致的市场格局并非全局网络效应所能解释。汽车市场的调研结果显示，有40%的受访者认为购买汽车时最可信、最有效的信息来源是家人和朋友。因此，本书提出假设：

H₄：新能源汽车的局部网络效应会显著地影响消费者的购买意愿。

根据网络效应的研究需要，建立如图 4.1 所示的新能源汽车消费者购买意愿模型。

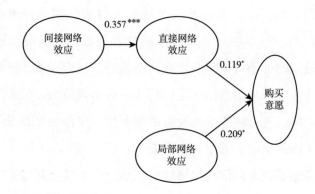

图 4.1　新能源汽车消费者购买意愿模型示意

注：***表示 p < 0.001，*表示 p < 0.01。

第四节　实证研究的方法

为了准确地搜集到新能源汽车购买者和潜在购买者的数据，选择了 2014 年 4 月 20～29 日北京第 13 届国际车展中北汽 E150 等新能源汽车展台，以及北京全福源等 40 家新能源汽车 4S 店发放问卷，现场采取填写问卷与访谈相结合的方式进行。4S 店共发放问卷 500 份，回收 498 份，其中有效问卷 443 份，问卷有效率 89%。数据的描述性统计分析结果显示，被调查者男女比例相近，男性占 58.0%，女性占 42.0%；年龄主要集中 25～40 岁，25 岁以下 19.7%，25～40 岁 54.3%，40 岁以上 26.0%；受教育水平较高，高中及以下学历占 7.9%，大专及本科学历占 78.1%，硕士及以上学历占 14.0%；收入

水平集中在 3000 ~ 8000 元，没有收入的（主要为大学生）占
12.9%，3000 元以下的占 13.6%，3000 ~ 8000 元的占 53.3%，8000
元以上的占 20.2%；北京地区的调查对象占 71.5%，非北京地区的
占 28.5%。样本分布较为合理，适合做进一步研究。

　　问卷中潜变量的测量问项的设计参考成熟量表。直接网络效应、
间接网络效应的测量问项主要参考 Lin（2010）、傅亚平和赵晓飞
（2011）等的量表；局部网络效应的问项主要参考量表；购买意愿的
问项主要参考 Yoon（2011）和 Bobek 等（2003）的量表。虽然量表
的问项是结合以往学者的研究，但考虑到新能源汽车与其他网络效
应实证研究对象的差异，我们进行了预调研，并对预调研的结果进行
了探索性因子分析。根据因子分析结果，对原量表进行了适当的修
改，测量直接网络效应变量的问项原本有 4 个，剔除后为 3 个；局部
网络效应变量的问项原本有 4 个，剔除后为 3 个，如表 4.1 所示。

表 4.1　　　　　　　　　设计量表的 Cronbach's α 系数

测量构念	问项数量	Cronbach's α 系数
直接网络效应	3	0.812
间接网络效应	2	0.719
局部网络效应	3	0.786
购买意愿	2	0.700
总体	10	0.775

第五节　网络效应实证数据分析

一、信度与效度分析

　　运用 SPSS17.0 计算出整体量表的 Cronbach's α 系数为 0.775，直

接网络效应、间接网络效应、局部网络效应和网络效应下的购买意愿的 Cronbach's α 系数分别为：0.812、0.719、0.786、0.700，均大于 0.7 的限制性水平。以上数据表明本书中使用的量表具有较好的信度水平。

利用 Amos18.0 的验证性因子分析进行结构效度的检验，结果如表 4.2 所示。测量模型的整体拟合参数良好，所有标准化因子荷载大于 0.5 且达到显著水平，作为信赖区间的各潜变量协方差的 95% 置信区间中不包含 1（Anderson and Gerbing，1988），表明量表具有较好的收敛效度和区分效度。

表 4.2   **测量模型的效度检验结果**

潜变量（测量构念）	问项数	收敛效度：标准化因子荷载的范围	区分效度：潜变量协方差的 95% 置信区间
直接网络效应	3	$0.59^{***} \sim 0.77^{***}$	[0.013, 0.271]
间接网络效应	2	$0.57^{***} \sim 0.78^{***}$	[−0.068, 0.167]
局部网络效应	3	$0.60^{***} \sim 0.67^{***}$	[0.047, 0.271]
购买意愿	2	$0.56^{***} \sim 0.59^{***}$	[−0.068, 0.163]

拟合指标：$\chi^2/df = 1.785$；GFI = 0.973；AGFI = 0.957；NFI = 0.914；CFI = 0.959；RMSEA = 0.042

注：N = 443；*** 表示 $p < 0.001$；由于篇幅原因，潜变量之间的协方差及其标准误略去，只给出了置信区间的范围。

二、假设检验结果

利用 Amos18.0 分析工具的最大似然估计对研究假设进行检验，本书的有效样本为 443，符合 ML 估计时样本数一般为观测变量的 5 ~ 10 倍的要求（Bentler et al.，1990；傅亚平，2011）。经过 Amos18.0 分析工具的统计分析，得到假设模型的拟合参数为：$\chi^2/df = 3.139$；GFI = 0.939；AGFI = 0.910；RMSEA = 0.084，显示拟合良好。以上表明，数据和模型之间的拟合度较好，适合使用结构方程模型进行进一步的假设检验。

假设模型的拟合结果如表4.3和图4.2所示。从路径分析结果可以看出潜变量"直接网络效应"与"局部网络效应"对于潜在因变量"购买意愿"的直接效果值为0.119和0.209，两条路径系数均在0.05水平下显著，因此不能拒绝假设 H_1 和假设 H_4。而潜变量"间接网络效应"对于"直接网络效应"的直接效果值为0.357，显著性检验达到了0.001的显著水平。因此，不能拒绝假设 H_2。

表4.3　　　　　　　　　**假设模型的 Amos 运算结果**

潜变量	非标准化估计	标准化估计	标准误（S. E.）	临界比（C. R.）	显著性 p 值
间接网络效应→直接网络效应	0.462	0.357	0.75	6.167	***
直接网络效应→购买意愿	0.193	0.119	0.080	2.411	0.017
局部网络效应→购买意愿	0.524	0.209	0.223	2.345	0.019

注：*** 表示 $p < 0.001$。

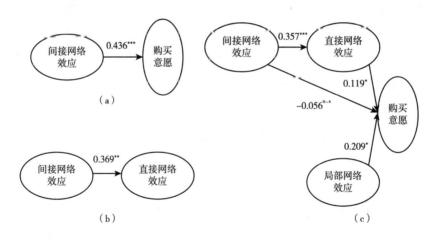

图4.2　中介作用模型实证分析结果

注：N = 443；*** 表示 $p < 0.001$，** 表示 $p < 0.01$，* 表示 $p < 0.05$，n.s 表示在 0.01 水平下不显著。

进一步检验直接网络效应是否在间接网络效应和购买意愿之间起到了中介效应。根据 Baron 和 Kenny（1986）的中介作用检验方法（罗胜强和姜嬿，2008），我们对原假设模型进行进一步的修改。

首先，单独检验了"间接网络效应→购买意愿"的关系，如图 4.2（a）所示。根据 Amos 软件计算结果显示，间接网络效应对购买意愿的路径系数为 0.436（p < 0.001）可见间接网络效应可以显著地解释因变量的变化。由原假设模型可知间接网络效应也能够显著地解释中介变量"直接网络效应"的变化，如图 4.2（b）所示。

其次，在原模型基础上增加了路径"间接网络效应→购买意愿"成为竞争模型。竞争模型检验结果显示卡方减少值未达到显著水平（$\Delta\chi^2 = 0.397$；$\Delta df = 1$，p > 0.5），新增加的路径"间接网络效应→购买意愿"的标准化估计值为 -0.056（p = 0.539）。总的来说，"间接网络效应"对于潜在因变量"购买意愿"和中介变量"直接网络效应"都有显著的影响，但控制中介变量后，"间接网络效应"对因变量的影响路径没有通过显著性检验，这表明了"间接网络效应"对"购买意愿"的影响主要是借由"直接网络效应"，"直接网络效应"是完全中介变量，因此，假设 H_3 成立。

第六节　网络效应实证结论与讨论

一、研究结论

由表 4.3 和图 4.2 的实证检验结果，本书得出如下重要结论：

首先，模型的总体拟合效果良好验证了新能源汽车的消费存在着网络效应。

其次，局部网络效应（熟人或朋友等与消费者存在直接联系的个体网络）和直接网络效应（整个市场中的用户基数）都可以显著地（$p < 0.05$）影响新能源汽车的购买意愿。并且局部网络效应对购买意愿影响大于直接网络效应，这与已有实证结果"家人和朋友是购买汽车时的首要信息来源"一致。

最后，直接网络效应起到了间接网络效应（基础设施及维修保养服务的提供数量）与购买意愿作用关系中的完全中介效应。这说明，互补品的提供商增多无法直接引起消费者的购买意愿，但可以引起消费者对于用户规模会增大的预期来间接地影响购买意愿。

二、管理启示

本书主要验证了新能源汽车市场中网络效应的存在，各类网络效应与消费者购买意愿的关系，从理论上探究了网络效应对新能源汽车消费的作用机制。基于实证研究，新能源汽车的相关企业和政策制定者可以考虑实施如下策略：

（1）利用个体网络的局部网络效应进行推广。问卷的数据分析结果显示局部网络效应，即消费者身边的熟人或朋友的使用经验、建议和口碑对新能源汽车的购买具有显著的影响。但在实际的消费者访谈过程中了解到，调查对象很少认识具有购买或使用经验的新能源汽车用户。这就是说，虽然局部网络效应将在新能源汽车的购买决策中发挥非常重要的作用，但目前局部网络效应为零。因此，在新能源汽车的推广过程中，需要播撒具有使用经验的用户种子，产生局部网络效应。2006 年，任天堂推广 Wii 游戏机，在美国各地邀请到几位热爱交际同时精通科技的家庭主妇，每人再邀请了 35 名主妇朋友前往酒店，进行第一手的 Wii 游戏体验。活动结束后 Wii 成为圣诞节假期销售最好的家庭娱乐品牌。目前，新能源汽车企业开展的租车服务可以算作这方面的工作，但还需要进一步加强。另外，在局部网络效应的传播方面，随着 Web2.0 时代的到来，消费者的社交网络有网络化的趋势，可以充分利用社会化媒体实现局部网络效应的扩散。

（2）构建间接网络，激发网络的正反馈效应。鼓励企业将新能源汽车产品与配套设施、维修服务联合打造成产品体系，提升产品体系的整体竞争力。新能源汽车作为高科技产品，购买成本和使用成本都非常高，无法像边际成本几乎为零的互联网企业一样去投入资本发展用户规模进行市场推广。对新能源汽车自身而言，面临着电池技术瓶颈，续航里程短、充电时间长、电池寿命与安全性无法保证，产品"质量"无法与传统燃油汽车竞争。如果坐等新能源汽车质量提升后自己开拓市场，就会出现传统燃油汽车锁定消费者，通吃市场，将本来已经非常漫长的电池技术改进扼杀在摇篮中。根据张胜（2007）对我国彩电工业 1978~2002 年成功发展机制的总结，20 世纪 80 年代国产彩电在相对于日本 CRT 技术没有比较优势的情况下，由原电子部建立全国彩电联保服务体系，即国产彩电的"低质量＋全国联保"与进口或合资的"高质量"彩电展开了系统竞争，直接促进了国产彩电成为市场的主流消费。相应地，新能源汽车可以建立"汽车＋充电设施＋维修保养服务"的产品体系与燃油汽车开展系统竞争。

（3）调整政策的支持方向，由直接补贴产品改为补贴互补品。Katz 等认为，只有首先控制了互补资产，网络效益产品才能获得盈利。这个顺序非常重要，但目前关于新能源汽车推广的国家政策却与之相悖，《节能与新能源汽车产业发展规划》第三章支持条件的第七条指出"新能源汽车推广数量达到一定规模后，建设与应用规模相适应的基础设施"。因此，可以针对网络效应产品的推广特点制定扶持政策。新能源汽车的推广不仅需要政策支持，更需要政策创新。

第五章 O2O 平台的供需空间匹配：内涵、思路与重点

第一节 O2O 平台的发展简介

前面已经提到了，传统企业平台化转型的通常以 O2O 平台模式发展。国内 O2O 发展大致经历了：票务（电影票、机票等）—团购（餐饮等利用套餐实现标准化）—旅行产品（虽然交易流程复杂，但资源集中度高）—生活服务（集中度低而且交易流程复杂、标准化困难）的过程，说到底就是标准化由易到难的过程。

根据艾瑞咨询数据显示，2017 年中国本地生活服务 O2O 行业市场规模为 11457.4 亿元，增长率为 49.6%，渗透率提高到 12.7%，预计到 2023 年市场规模将达到 32908 亿元，年复合增长率为 21.8%，线上渗透率超过 7%①。从市场规模结构上看，除已有多年历史的在线旅游行业之外，本地服务领域的餐饮 O2O 行业占比最大且逐步扩大，到 2016 年占整个本地生活服务 O2O 市场规模的

① 靳欣.2016 年中国电商在高速增长中热点不断［J］.科技智囊，2017（8）：36－41.

16.4%，该数字在 2011 年仅为 8.1%，餐饮 O2O 的年复合增长率在 24%以上。仅从媒体关注度、融资额和频率来看，外卖等刚需较此前爆红的上门做饭、家庭厨房等需求获得了更持久的关注度。同时，明显突出自己真需求的 O2O 行业还有出行类。从"双 11"到"双 12"是阿里巴巴从实物电商到线上线下结合的尝试。越来越多的企业开始重视线下资源的积累。

近些年的商业要闻也都是围绕 O2O 平台展开的。例如，2016 年 4 月饿了么获得由阿里巴巴和蚂蚁金服共同投资的 12.5 亿美元融资。e 家洁挂牌新三板，股票代码为：836594。目前提供家庭服务、企业服务和收纳服务。2016 年 5 月，光线传媒及控股股东光线控股以 23.83 亿元和 1.76 亿股光线传媒股份的代价获得猫眼电影合计 57.4%的股权，交易完成后，光线系取代美团点评系成为猫眼控股股东。2016 年 7 月，监管部门出台网约车新政，明确网约车的合法地位。美团点评获得华润旗下华润创业联合基金战略投资，华润旗下上万家线下零售门店都将集体"搬入"美团外卖。2016 年 8 月，滴滴出行收购 Uber 中国的品牌、业务、数据等全部资产，滴滴出行与 Uber 全球互相持股。滴滴出行创始人兼 CEO 程维将加入 Uber 全球董事会，Uber 创始人特拉维斯·卡兰尼克加入滴滴出行董事会。2016 年 12 月，e 袋洗获得由立白集团领投、润都集团等机构跟投的 B + 轮融资，总金额为数亿元（郭朝飞和邓攀，2017；罗东，2016）。

第二节　供需空间匹配对 O2O 平台发展的战略意义

在区域上的供需匹配似乎是一个传统问题。因为商家开店，势必首先考虑周边的住户量，潜在需求数量。O2O 把线下的商店信息化了，互联网化了，但商家还是正常提供服务，似乎没有什么改变。但我们知道线上也是一个获取用户的渠道，用什么方式获得多少个用户，以及这些用户是否愿意体验服务。因此要思考的是，O2O是否为线下的商家导入了更多的需求，或改变了需求的消费规律？这种改变是由什么线上行为引起的？怎么准确预测这些改变？最后再来思考，在这种改变之下，如何进行合理的空间区域内的供需匹配？

思考第一个问题，O2O是否为线下的商家导入了更多的需求？首先要思考用户为什么要使用O2O？O2O模式真正给用户带来了什么价值？线上支付并不比线下支付更有安全感，有时是为了一点点优惠，例如，大众点评采用的方法是能产生的真实交易评价，有了这些后，用户对商家就有了更多的话语权，既能保障用户的交易安全，又能约束商家提供优质服务。同时那些真实交易的评价信息价值要数倍于平台。所以用户很可能看过评价后，绕过平台，直接去了饭店进行线下消费。这样，线上和线下是脱节的，但平台可以在这个基础上，再适当地比线下直接消费优惠一些，就可以吸引用户。

这种方式的本质是打破了信息的不透明，用用户自生成内容来导流，线下商家因为服务品质的不同各有损益。

但更多的导流方式就是用online来组offline的网。比如团购、大众点评，比如携程、去哪儿。对于商户，我不要求你们跟我采用同一样的品牌，严格的服务标准，你们只要接入我的online部分就行。offline组网其实在商业上早就有先行者，叫作连锁店。加盟连锁店比直营连锁店在速度和扩张上，也就是组网上更有优势，但管理服务的品质上成本较高。例如，肯德基就采用O2O。线上订或电话订，线下离你最近的那家店给你做、给你配送。这就是线上和线下的结合。到了互联网时代，人们发现了一种更有效、成本更低方式。那就是用 online 来组 offline 的网。对于用户，由于线下也有了一张网，于是便可以随时随地的消费（大众点评）。这种方式的本质是区域空间内的品牌联合，用其他商家来导流。每个商家都可能被这种导流方式惠及（秦萧，甄峰，朱寿佳等，2014）。

思考第二个问题，O2O 能否改变需求的消费规律？商户为什么要加入 O2O 平台？因为他们想吸引更多客流，以饭店为例，本来只有中午才有生意，现在早中晚都有客人了。同理，酒店也有很多的时间是空着的，电影院也有很多时间是空着的，飞机和高铁同理。因此，能更好地解决服务场地或服务资源空置率的平台才是好的 O2O 平台。滴滴打车解决了出租车 40% 的空驶率，所以它成为一个势如破竹的 O2O 平台。以社区周边服务来说，平时的菜摊都是下班时间最繁忙，平时空闲。但如果 online 平台再搭配着送菜上门服务，可以让摊主在空闲时间送菜，让上班族在午休间隙下单。这样就解决了菜摊时间上的空置率。美厨成立于 2014 年 10 月，正式上线于 2014 年 12 月，基于星级厨师菜谱售卖半成品净菜，鼓励一二线城市中 25 ~ 35 岁追求生活品质的青年用户群"回家做饭"，可通过美厨网站和微信公众号购买食材包。目前美厨支持全国部分一二线城市配送，保证 24 小时内到达。美厨 Love's Kitchen 完全零库存（海鲜一类），食材都是用户下单后采购，必要时临近发货时采购以保证蔬菜类等菜品新鲜，食材交由第三方快递（顺丰速运）全程冷链送到用户手中①。

又如上线于 2015 年 3 月 1 日的时差族。时差族的商业模式与马

---

① 陈卫平，常志鹏. 味库：手机上的菜市场［J］. 中国名牌，2016（2）：64 - 65.

来西亚餐厅预订服务平台 Offpeak 以及美国 Mytime 相似，可为用户在非高峰期提供餐厅推荐和折扣服务①。时差族通过帮助餐厅分配高低峰时间，高峰少打折，低峰大折扣，通过低峰大折扣，反向覆盖高峰期折扣。这些商业模式本质上是改变了需求在时间上的产生规律，并解决了供给的空闲问题。

本书主要基于 online 组网，形成新的商家关系网络，对需求的影响来研究空间区域上的新的供需匹配，进而研究平台的竞争战略。

第三节　调配供给解决 O2O 平台的供需软肋

O2O 的战场中，在运营中能够成功地调配供给，实现区域空间中的供需匹配，解决资源的闲置，表现最突出的就是出行类 O2O 平台。

2009 年，Travis Kalanick 及 Garret Camp 在旧金山创办了 Uber，利用闲置车辆让乘客享受尊贵的乘车体验②。这个服务现在已经扩展到 45 个国家，超过 100 个城市，而且估值比全球两大租车公司赫兹租车和埃尔维斯集团总和还高，接近 182 亿美元。究竟这样一个简单的接送服务是如何能在短时间内成功扩展到这么多国家，并且持续成长呢？有效的供给激励及调度，高速准确的供需匹配，就是 Uber 平台能短时间内在用户间散播这么快的关键原因。

想体验尊荣享受，只要打开 Uber 专属 App，就会看到附近的空

① 周功建 . "互联网 + 餐饮"行业生态下 O2O 商务模式动态［J］. 现代企业，2016（4）：64 – 65.

② Joshua Gans. 私家车搭乘服务商 Uber 的商业模式［J］. 新营销，2012（10）：43.

闲车辆，只要确认订车即可看到司机姓名、照片、电话及到达时间（大概在10分钟以内），让你可以准确地评价时间。由于注册时已绑定支付宝，所以费用会直接从支付宝扣款。Uber非常重视使用者的服务体验，所以除了简化流程外，它对司机及车子也有相关要求来提升顾客满意度及品牌形象。

对司机，Uber欢迎任何车主都利用闲暇时间进行载客服务。一般出租车司机需经过职业考试及讲座才能领照接客，但Uber则无此规定也不限制载客数，只要你有车，打开Uber提供的App即可开始上班；在初期推广招募司机甚至还提供补贴金，增加司机加入的意愿。一般车行跟司机抽取高额的费用，Uber则以收入的20%为抽佣金额，相较之下若载客数相同，Uber可以让司机得到较高的收入。也因降低司机门槛、弹性工时、补贴金及低于车行的抽佣金额来吸引司机，许多尝试过的司机也因此推荐更多的同事加入Uber行列。

但是，Uber最核心的优势还是通过动态定价对出租车供给的调度机制。动态定价在原理上很好理解，就是通过变动价格来影响供需关系。Uber的动态定价是当某地需求（潜在叫车量）大于供给（可用车辆）时，系统自动加价，实现：（1）扩大供给量，吸引更多司机上线服务/从邻近区域转移至此地；（2）暂时缩减需求量，用价格筛选出叫车需求强的用户，而需求较弱的用户，则会选择等待，等价格回落后再开始叫车，或考虑采用其他交通方案。借此达到供求的平衡。

这样做有两个好处：一是保证服务具有较高的成功匹配率，让乘客始终"有车可叫"，并且叫后能快速上车；二是服务车辆的供给数量大幅提高，意味着即使交通条件恶劣，能够实现的交易数也将大幅增加。而这一点真正体现了 Uber 平台的价值。因为它作为一种 O2O 平台，真正实现了激发供给，实现区域空间内供需平衡。在一份有关 Uber 的研究中，研究者们将 2015 年纽约新年夜 Uber 动态定价系统短暂失灵作为一次难得的"天然实验"，与动态定价运行正常的某晚情况做了对比分析，发现后者的搭车成功率高达 100%，而前者却只有 25%，候车时间也大大长于正常情形。这在一定程度上证明了动态定价机制是有效的。

动态定价早已有之。基于时间因素的差异化定价策略，一直以来都被人们广泛应用于商业世界的各个领域。同一部电影，夜场要比午场贵；同一款皮鞋，快过季时的价码一定比刚刚上市时的便宜（但同时需承担可能售罄的风险）。20 世纪 70 年代末，美国航空公司首次启用真正意义上的动态定价机制。此后，这一机制逐渐成为航空业、酒店业、汽车租赁业的标准做法，甚至球赛、剧院、零售业和水电费的定价也逐步开始动态化。最近迪士尼乐园就准备开始采用基于需求量的定价模式，旺/淡季以不同价位出售门票。

Uber 的动态定价与传统方式的区别就在于：绝大多数运用动态定价的企业是有库存的。它们的特点是在特定的时空中，供给是有限的。比如，一趟航班的座位数、一个酒店的房间数、一个球场或剧院的座位数都是固定的，一旦飞机起飞、比赛开始、演出拉开帷幕，时间过去了却还有空座或空房，那么这部分收入也就永远失去了，因此他们要尽可能快地售清库存，并尽可能多地从需求中获取利润。这样供给方就处于劣势。供给方有较强的意愿来适应需求或调整需求（陆亦琦，2015）。

Uber 则不同，Uber 不拥有任何一辆车。Uber 的"库存"是可多可少的。人们搭车需求最强的时刻，对司机来说恰恰也是驾车体验不甚愉悦、甚至危险系数颇高的时刻，比如说早晚高峰，还有暴雨台风的天气。在这些情况下，若无激励机制，上线服务的司机数（供应量）会自然减少。因此，使 Uber 定价区别于其他行业做法的特殊之处，不在于它限制了需求，而在于它调动了供应。以前想打车也付得起车费却无车可打的人，现在可以顺利叫到车了。事实上，它让更多人的需求得到了满足。

第六章　O2O平台的供给调配效率分析

在中国的许多大城市里，通勤出行时段很多打车需求不能满足，出租汽车服务的供需矛盾长期存在；这样的结果便是在上下班高峰，或者特殊天气时，乘客对打车的需求特别高，希望能最高效率地打到车。而司机则因为现有定价不划算，不愿意在高峰期拉载乘客。其次，乘客与出租汽车司机之间的信息不对称。乘客不知道空闲出租汽车的位置，也难以便捷地将打车需求信息告诉空闲出租汽车的司机，寻找出租汽车也不容易。这导致的结果是在人流量多的地方，出租车、专车等扎堆，而在相对人流量少一点的地方乘客不容易打到车，或者打车等待时间长。国内也出现了很多类似Uber的打车平台，例如滴滴、快滴、易道用车等。

但动态定价也引发了很多质疑。这些质疑包括"对用户不友好，影响客户忠诚度，以及企业口碑"。这些O2O出行平台的很多用户不理解动态定价是为了平衡供需，而是会觉得平台在急用车时翻倍涨价太唯利是图赚"黑心钱"。如果我们以球票为例，就会更容易理解用户的心理。如果采用动态定价时，出现了两张邻座票价格不同的情况，买高价票的就会觉得自己被欺骗了，从而对售票方会表示不满。如何降低这种影响是采用动态定价的企业都需要认真考虑的问题。因此，下面我们将通过一个专门的研究来评判平台的供给调配效率。

第一节　供给调配效率问题研究背景

动态定价作为调整需求波动，激活休眠用户的有效手段常见于很多行业。大多数情况下，动态定价是企业利用需求实现利润最大化的一种方法。例如，比赛票价和音乐会价格会随需求做调整；日场电影要比夜场便宜；迪士尼推出引导客户错峰观光的金、银、铜票；电力部门也开始实施阶梯价格等。对酒店和机票的供给来说，由于无法临时造所房子出来，所以供给是刚性的，不随价格变动而提高。但是出租车系统不同，出租车司机的供给弹性很大，价格变动时可以拒绝，也可以继续服务。出租车系统一边连接着灵活决策的消费者，另一边还连接着独立承包的司机，所以其动态定价同时调节着需求方和供给方。

消费者最需要打车的时候往往是司机风险最高、最烦的时候。Farber（2015）发现在美国上下班高峰期、新年、暴风雪等交通系统开始恶化并且没有相应的补偿时，出租车司机会暂停工作。Gan 等刈2013 年北京地区通勤高峰期的调研发现，司机认为堵车成本高、回报率低，早 8 点通勤高峰时段大量出租车在建国门停车休息，同时大量乘客在出租车载客区排长队等候。对于具有平台特征的出租车系统来说，符合市场预期的动态定价在恶劣交通环境中为司机提供了价格补偿，增加了供给，让客户通过支付更多的钱打上车了，提高了整个出租车系统的交易效率。

比较著名的是美国 Uber 公司利用定位、共乘和动态定价等运行方式在空间中调配运力、匹配供需，极大地提高了出租车系统的交易效率。James Surowiecki（2014）认为 2011 年以来一直在改进的 Uber 算法是该公司最重要的创新，让平台具有了驱动司机上路的力量。Uber 董事比尔格利透露，2012 年该平台首次在波士顿测试动态定价时，出租车系统的运力增长了 70%～80%。来自波士顿、洛杉矶、纽约、旧金山和西雅图 5 个城市的 Uber 运营数据表明动态定价使出租车利用率提升了 30%（Cramer ang Krueger，2015）。动态出租车定价在极端路况下提升运营效率的作用更明显。例如，2015 年 3 月 21 日，歌手 Ariana Grande 演唱会结束之后，纽约麦迪逊花园广场地区的用车需求增长了 3 倍，1 小时动态定价调配了 1.8 倍的出租车驶入该地区载客，实现了消费者和司机的双赢。雨天提价使纽约市的出租车供给增加 25%，高于传统出租车 21%。总的来说，信息技术的发展令需求变动规律的把握和实时价格调整更加容易，出租车动态定价在稳定需求的同时激发供给，提高了整个平台的交易效率（陈云海和马亮，2014；于洁涵，梁雪琴，谢绍晖，2014）。

随着网约出租车业务在许多国际城市占据了相对主导的地位（李旭超，2014），出租车动态定价交易效率的比较分析逐渐成为研究的热点问题。Gan 等首先分析了出租车司机交易动机在不同价格下的变动特征，再以供给变动如何影响市场的供需环境推算交易效率（Gan et. al.，2013）。Cramer 和 Krueger 从缩短搜索时间的视角进行研究，由于搜寻乘客的时间大幅缩短，纽约市出租车的交易率提高了 3.5%～5.3%（Cramer and Krueger，2015）。Frechette，Lizzeri 和 Salz（2015）设计了一个动态一般均衡模型对纽约的出租车交易效率进行仿真分析，假设存在一定的搜索摩擦，并且司机具有交易和停驶的自主选择决策。比较不同动态定价机制的交易效率发现 Uber App 可以使出租车的搜寻时间减少 9.3%（Cramer ang Krueger，2015）。但国内的研究尚停留在最优定价机制的计算。例如，慕晨（2013）采用多主体模拟出租车和乘客在城市中相互搜索以及出租车运送乘客的服务过程，以系统总费用最小和驾驶员收益最大为目标，仿真搜索最优定价机制。胡骥（2015）和祝进城（2013）以社会福利最大和私家车、出租车网络均衡为优化目标，利用两阶段模型讨论出租车的最优拥堵费率。虽然慕晨、胡骥等的工作都分别对最优定价实施后的出租车运营系统性能进行定量测算。但国内外工作中仍未出现对我国现阶段实施的出租车动态定价的交易效率研究。

出租车是公共交通系统的重要组成，出租车价格直接影响着社会福利，其变价范围受政府监管。我国还未出现像 Uber 一样高峰期急剧提升 8 倍的变价案例。目前主要的动态定价包括：（1）停驶等待收费。将道路拥堵产生的停驶等待时间计算在收费范围。与简单的计程价格相比，这种费率结构在一定程度上保障了出租车司机的利益，缓解了高峰时段的道路使用量。目前北京、上海、深圳等超大型城市采用了这种随拥堵动态定价方式。（2）加小费。高峰期消费者呼叫出租车需要强制性增加一定的费用。目前是滴滴、Uber 中国等 App 打车平台普遍采用的动态定价方法。（3）倍数提价。将人多车少的地方以 1~3 倍的范围提高乘客的打车费。期望通过高价提高繁忙区域内的车辆供给，实现区域之间的供需均衡。滴滴、Uber 中国等打车平台都试验性地实施过这种动态定价方式。

由于缺乏对出租车系统交易效率的研究，现有的这些动态定价尝试是否真正体现拥堵成本和道路资源的价值，是否真正提高了出租车系统的交易效率，如何确定更灵活、科学的动态定价方案等问题值得探讨。接下来，首先，我们通过出租车供需双方时间成本及时间价值的一手资料调研计算供需曲线，测算供需双方的价格弹性；其次，基于某路段车流量的调研数据，仿真早高峰期动态的交通拥堵环境。再次，利用多个体仿真模拟用户和司机在出租车交易平台中的交易过程，比较不同动态定价机制下供需均衡时交易数量、搜索时间、消费者剩余等交易效率指标随拥堵程度的变化。最后，根据交易效率仿真结果，探讨基于不同拥堵环境下的最优动态定价方案。研究旨在提高极端路况下的出租车运营效率，为城市出租车的运营规划与打车软件的管理提供理论依据。

第二节　平台交易主体时间价值分布

一、司机时间成本分布

尽管部分"目标收入"理论的工作认为价格增加会促使出租车司机减少全日供给时间，例如，Ashenfelter 等（2010）分析了随着两种固定费用增长司机的供给曲线弹性为 - 0.2（Brodeur，Nield，2016）。但短期来看，司机的交易行为还属于利益驱动决策，较高的单位时间价格仍然会激励司机增加供给。

Oort（2003）认为时间成本与同等时间创造的价值有关，因此，研究人员调查了北京市石景山区出租车司机、专车司机的月收入状况，如表 6.1 所示。

表6.1　　　　　　　　　司机使用打车软件月收入分布

选项（元）	比例（%）
<9500 以下	57.14
9501～10000	21.43
10001～11000	7.14
11001～13000	4.29
>13000	10.00

根据陈茜（2015）给出的出租车固定费用支出比例间接推算其营运时间成本。司机单位时间成本更近似指数分布：

$$p(x) = 1.08e^{-1.32x} - 0.12 \qquad (6-1)$$

其中：x 为单位时间成本（元/分钟）。

二、乘客时间价值分布

现有的动态定价研究大多假定市场需求远大于供给，较少关注需求的价格弹性。其实消费者在大量动态定价市场行为的教育下虽然能够接受提价，但是对高价的容忍度却依然较低。King 和 Peters（2012）研究了美国曼哈顿中心到拉瓜迪亚机场路线拥堵收费对乘客出租车乘车时间和路线选择的影响，发现只有时间价值高于 170 美元/小时的部分乘客才能接受该收费政策。诺贝尔经济奖得主丹尼尔、卡尼曼和理查德·泰勒指出提价只要超过原来的 3 倍就会超出人的心理承受能力（詹姆斯·素洛维奇，2014）。因此，随着价格的调整，需求量会有多大幅度的变化，即需求曲线的弹性对出租动态定价的交易效率研究同等重要。

McIntosh（1999）和 Quarmby（1967）认为时间价值与出行者为节约时间多支付的费用有关。研究小组对北京市石景山区的出租车乘客进行 SP 调查（stated preference survey），根据实际拥堵情景，提供出行备选方案让乘客进行选择，间接估算的时间价值如图 6.1 所示（样本量为 200）。

对数正态分布能很好刻画乘客的时间价值分布（Ozbay and Yanmaz-Tuzel，2008；Jang，Kim，Chung，2014）。调查数据的点估计得到分布参数 $\mu = 7.3$（元/分钟）和 $\sigma = 3.31$。乘客时间价值分布函数为：

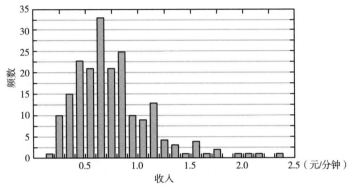

图6.1　消费者时间价值分布

$$p(x) = \frac{1}{0.16x \sqrt{2\pi}} e^{-20(\ln x - 0.85)^2}, \quad x > 0 \qquad (6-2)$$

三、供需曲线

根据公式（6-1）和公式（6-2）代表的乘客、司机时间价值
分布函数绘制出租车市场的供给与需求曲线（SD 曲线），如图 6.2 所
示。司机的供给曲线和消费者的需求曲线的交点即为供需平衡点，交
点的时间价值将会是动态定价机制的重要参数。为了了解变动的价

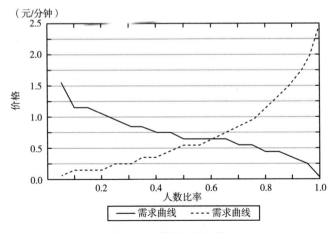

图6.2　供需均衡曲线

格会多大程度激励供给，很多工作利用实证数据测算了出租车司机供给曲线的弹性。

第三节　O2O 平台需求量调研

道路拥堵状况的调研对于研究动态定价机制意义重大。研究选择了北京市阜石快速路作为研究对象。阜石路全长约为 5521 米，设计时速为 80 公里/小时，设计通行时间约为 4.2 分钟。位于西四环与西五环之间，是北京西部石景山区和门头沟区居民出入市中心的必经之路，早晚高峰期间的通勤需求大，经常出现道路拥堵现象。通过走访石景山区交通大队，提取交通实时监测系统的交通流量数据，得到阜石路快速路杨庄东站到定慧桥路段通勤高峰时段的车流量表（见表 6.2）。测算道路的拥堵状况与通行时间的对应关系。

表 6.2　2015 年 8 月 18 日 6：00～9：00 阜石路快速路的车流量统计及通行时间测算结果

时间	车流量	通行时间（分）	时间	车流量	通行时间（分）
6：00～6：05	2520	8.67	6：40～6：45	3900	19.92
6：05～6：10	2676	9.67	6：45～6：50	3684	18.17
6：10～6：15	2592	9.17	6：50～6：55	4176	19.67
6：15～6：20	3000	13.00	6：55～7：00	4044	20.17
6：20～6：25	3312	15.67	7：00～7：05	3960	20.00
6：25～6：30	3420	15.83	7：05～7：10	3924	19.67
6：30～6：35	3504	17.33	7：10～7：15	3756	19.33
6：35～6：40	3780	19.83	7：15～7：20	3708	19.17

续表

时间	车流量	通行时间（分）	时间	车流量	通行时间（分）
7：20～7：25	3576	18.33	8：10～8：15	2760	10.83
7：25～7：30	3072	14.00	8：15～8：20	2784	11.00
7：30～7：35	3204	15.50	8：20～8：25	2964	13.67
7：35～7：40	3108	14.50	8：25～8：30	2844	11.33
7：40～7：45	3192	15.17	8：30～8：35	2760	10.67
7：45～7：50	2820	12.00	8：35～8：40	2580	8.67
7：50～7：55	2688	10.33	8：40～8：45	2460	7.50
7：55～8：00	2628	9.00	8：45～8：50	2316	6.67
8：00～8：05	2868	11.67	8：50～8：55	2184	4.33
8：05～8：10	2736	10.17	8：55～9：00	2016	4.33

通行时间将作为消费者时间价值与司机时间成本的关键变量，为动态定价机制提供变价依据。为了减少车辆的在途时间提高车辆的运输效率，学者对通行时间算法进行了大量的分析和论证（周雪梅，杨晓光，史春华，2005；罗剑等，2007）。根据微观交通模型，观测时段的阜石路分别经历了道路非满载、道路满载和流量过载三种路况。因此选取一维时变交通流模型，将连续公路设置成离散的 i 段。设计连续路段允许流量为 $p(x)$，$q(x,t)$ 为该区段的车流量。任意位置，当 $q(x,t) \leqslant p(x)$ 不会形成交通堵塞，当 $q(x,t) \geqslant p(x)$ 时会导致部分车流受阻。当 t 时刻路段 i 的行驶平均速度为：

$$V_i(t) = q(x_i,t)/\rho(x_i,t) \qquad (6-3)$$

其中：$\rho(x_i,t)$ 为车辆密度，它的表达式为：

$$\rho(x_i,t) = \begin{cases} \rho(x_i,t-1) + \dfrac{1}{L_i}\displaystyle\int_0^t [q(x_i,t) - p(x)]\mathrm{d}t, & \rho \leqslant \rho^* \\ \rho^*, & \rho \geqslant \rho^* \end{cases}$$

$$(6-4)$$

其中：L_i 为路段长度。ρ^* 为设置道路的极限密度，与允许流量有关。表达式的上下两部分分别为该道路车辆没有达到极限密度以及道路饱和时的密度。

如果路段已经饱和（$\rho \geqslant \rho^*$），则不能容纳更多车辆，车辆向前一路段淤积，则前一路段 $i-1$ 的车辆密度为：

$$\rho(x_{i-1}, t) = \rho(x_{i-1}, t-1) + (\rho(x_i, t) - \rho^*)L_i +$$

$$\frac{1}{L_{i-1}} \int_0^t \left[q(x_{i-1}, t) - p(x) \right] \mathrm{d}t \qquad (6-5)$$

其中：第一项为 $i-1$ 路段原来的密度，第二项为 i 段堵塞的车辆，第三项为 $i-1$ 段堵塞的车辆。

通过迭代运算可以预测车辆通过指定路段所需要的时间（交通网络的通行时间预测与最优路径决策中的参考文献）。利用 Vissim 软件仿真社会车辆、出租车和公交车一起构成的出租车运营动态交通环境。假设车辆存在跟车、超车、变换车道等行为，根据流量情况设置交通流的短时段随机波动。设置仿真关键参数为普通车道车辆比率 0.98：0.02，普通车道期望车速分布小汽车属于区间（30，80），公交车属于区间（30，60）。

第四节　O2O 平台动态定价的交易效率仿真

一、现有动态定价方案

（一）计程计时收费机制

为了符合大中城市道路交通的发展现状，主要表现为拥堵时有发生，促进出租车行业的发展，一些大城市及特大城市采用了计程、计时双费制定价标准。将道路拥挤产生的停驶等待时间计算在收费范围内，可见这是一种与拥堵程度相关的动态定价方案。在北京、上海等城市，该形式成为出租车的普遍计价形式，表6.3给出了各家打车软件公司的略有差异的计程计时收费方案。仿真中采用的加倍定价公式为 $p_0 \cdot L + (t - t_0) \cdot p$。其中，$p_0$ 为每千米单价，L 为行驶里程，t_0 为无拥堵路况下通行时间，t 为实际通行时间，p 为停驶的单位时间价格。该公式假设所有的拥堵路段司机停车或进行低于20千米/小时带速行驶，是停驶等待计费中对司机最有利的一种行驶情景。

表6.3　　　　　　　　　　**北京市普通出租车及打车软件定价规则**

打车形式	起步价（元/3千米）	每公里单价（元/千米）	停时等待单价（元/分钟）
出租车	13	2.3	0.92
滴滴专车	12	2.9	0.6 ~ 1
Uber专车	15	2.17	0.3
易到用车	8	1.99	0.4
一号专车	15	2.9	0.5
神州专车	15	2.8	0.5
滴滴快车	无	1.5	0.35
滴滴顺风车	10	1.3	无

（二）高峰加小费机制

为了更好地缓解高峰时段的出租车供给不足问题，补偿交通拥堵给出租车司机带来的损失，一些网络打车平台尝试以采取加小费叫车的动态定价机制。其定价公式为 $p_0 \cdot L + (t - t_0) \cdot p + p'$。其中，$p'$ 为乘客为吸引司机交易额外支付的价格。

（三）加倍定价机制

Uber曾在一年需求最迫切的圣诞节时段将车费增加为原价的8倍。国内神州、Uber等打车软件曾采用过从1.5 ~ 4倍的加倍区间，

调配平台中的司机前往拥堵区域接客。仿真中采用的加倍定价公式

为 $\left(p_0 \cdot \dfrac{t}{t_0} \right) \cdot L$，如果 $t \geq t_0$。考虑到观测时间段内阜石路车流量最大

时刻的通行时间约为正常通行时间的 3 倍，假设仿真系统中加价的倍

率为实际通行时间 t 与无拥堵路况下通行时间 t_0 的比率。

长期以来，我国大部分地区出租车实行"多年一贯"的统一租价。此类定价除了极少部分小城镇是无论远近统一票价，大部分城市以行程定租价，不考虑拥堵成本。"行程运价"的表达式为 $p_0 \cdot L$，仿真部分将考察三种动态定价相比于"行程运价"的交易效率。价格公式参数的选取如表 6.4 所示，主要参考北京地区较常见的出租车交易价格。

表 6.4   模型参数设置

变量	意义	取值
T	观测窗口	6：00 ~ 9：00
Δt	单位时间	5 分钟
p_0	每千米单价	2.3 元/千米
p	停驶的单位时间价格	0.92 元/分钟
p'	乘客额外支付的价格	5 元
L	观测路段行驶里程	12.4 千米
t_0	无拥堵路况下通行时间	12.4 分钟
M_t	每期新增出租车供给数量	U [25，35]
N	出租车出行的总需求规模	1000 人次

二、仿真设计及仿真参数

将所有的司机和乘客个体置于交易系统中，个体基于自己的时间价值水平和预期拥堵时间生成最低时间成本或最高意愿价格。单

位时间内，逐对比较司机的时间成本和乘客的意愿价格，如果意愿价格高于系统定价，系统定价高于司机时间成本，交易达成。不满足该条件，或某单位时间内供给的车辆过少，都导致交易未达成。

具体的规则如下：

（1）仿真系统为每个消费个体设定一个服从乘客时间价值分布的随机单位时间价值，为每个出租车司机个体设定一个服从时间成本分布的随机单位时间成本。

（2）单位时间段内，系统产生一定量的出租车消费需求和出租车供给量。每期的消费者数量与车流量成正比，而出租车的提供可能是随着车流量的增加反而减少的，但不明显，假设单位时间内的出租车供给是均匀的。

（3）每个需求产生时，该消费者遍历该时间段出现的所有出租车司机并与之交易。

（4）互联网环境下供、需双方可以基于信息实时更新技术获取拥堵信息。拥堵信息极大地提升了个体对行程的预判能力。因此假设司机和消费者都能准确预测通行时间，并根据整个路段的行程时间和自身的单位时间价值确定每笔交易的意愿价格和交易成本。

（5）根据要考察的定价机制生成该行程的系统价格，比较乘客意愿价格、司机成本及系统定价直接的关系，如果满足则交易达成。否则，该消费者与下一个司机进行交易，重复步骤（3）和步骤（4）。如果所有该时段内的司机都没有达成交易，则消费者进入下一时间段 $t+1$ 参与交易，系统发生乘客滞留，重复步骤（2）~步骤（4）。采用 Matlab 2013b 进行计算机建模，为保证结论的可靠性，在每种基础参数条件下进行 50 次仿真，最终结果是这 50 次仿真结果的平均值。

本书涉及的出租车交易系统指标包括交易一次性达成率，订单指派的等待时间，消费者剩余和司机剩余等。交易的一次性达成率是指单位时间内出租车交易系统出现的需求被满足的比例。如果当期没有司机来为乘客提供服务，乘客会继续等待到下期或下下期。乘客的需求也会被推迟到下一期，重新匹配。通常来说交易一次性达成率越低，顾客的平均等待时间越长，顾客越不满意。订单指派的等待时间是指顾客发出乘车请求后，系统为乘客筛选司机的时间，也增加了乘客的等待时间。消费者剩余是消费者最高意愿价格与交易价格的差值。消费者剩余越大，乘客越满意。相应地，司机剩余是交易价格与司机成本的差值。司机剩余越大，司机越满意。在所考察的指标中，交易一次性达成率、订单指派的等待时间和消费者剩余是关系消费者满意度的指标。司机剩余是影响司机满意度指标。出租车交易平台的服务质量要兼顾乘客和司机双边市场的满意程度。

第五节　O2O 平台供给调配仿真结果分析

本书分别对不计拥堵成本的计程定价，考虑拥堵成本的计程计时收费机制、高峰加小费机制和加倍定价机制进行仿真，以检验各种动态定价策略对出租车系统运营效率和交易主体满意度的提升效果；根据不同时段的拥堵程度变化，讨论了最优成交率和最优消费剩余的混合定价策略仿真分析；还进行了同种定价策略下，对不同司机指派方式进行仿真，以检验指派方式对等待时间和司机剩余的影响。

一、动态定价仿真结果

图6.3给出了早高峰时间段，四种不同定价策略下一次性交易成交概率和消费者剩余情况。由图6.3可知，从整个早高峰时间段来看，（1）所有动态定价都好于计程定价。三种动态定价的平均一次性成交概率照计程定价都有大幅度提高，其中加倍定价的成交概率是计程定价的近3倍；由于一些拥堵时段成交概率从无到有，三种动态定价在整个时段的平均消费者剩余也大幅度增加了。（2）比较三种动态定价，加小费和加倍定价的表现较好。两种定价基本实现了所有时段交易的发生，并且在严重拥堵的6：30～7：25时间段保证了较高的一次性交易成交概率；但相比于加小费定价，加倍定价虽然成交率高但消费者剩余少。尤其是在严重拥堵的开始时段和接近结束

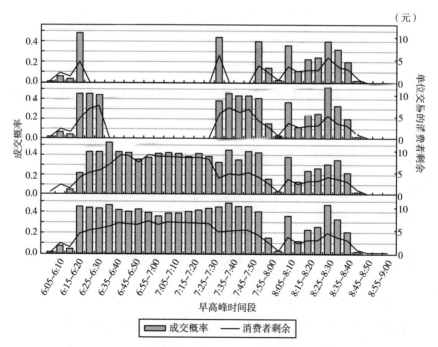

图6.3　不同收费方式的成交概率和消费者剩余比较

时段，较激进的加倍定价方式给出的交易价格接近了消费者的意愿价格，使得消费者剩余较少；同时，正是由于这样的定价留给司机较高的利润空间，在严重拥堵的开始和接近结束时段都激发了大量的司机供给，产生了两个成交概率高峰。

二、混合策略仿真结果

从图 6.3 可以看出不同时段，各种定价策略的优劣差异不尽相同（见表 6.5）。如果将整个观测窗口分为轻微拥堵（6：00～6：15，8：35～9：00）、中度拥堵（6：15～6：30，7：25～8：35）和严重拥堵（6：30～7：25）三种情况。轻微拥堵情况下，司机的供给成本高于消费者意愿价格，即定价的区间不存在，所以三种定价方式均没有明显的成交概率。这些时间段消费者通常会选择其他交通工具代替出租车出行。该结论与实际经验相吻合。中度拥堵情况下，三种动态定价的交易率都很高，但计程计时定价给出的交易价格偏低，可以实现最大的消费者剩余。严重拥堵情况下，计程计时定价的价格低于司机供给成本因此失效，加小费定价和加倍定价的成交概率较好，但加小费定价的消费者剩余较高。

表 6.5　　　　　　　　不同拥堵条件下最优定价策略

拥堵程度	通行时间（分）	与设计通行时间的倍数关系	最高成交概率	最大消费剩余增量
轻微拥堵	≤10.5	≤2.7		
中度拥堵	10.5≤x≤17	2.7≤x≤4.1	计程计时	计程计时
严重拥堵	≥17	≥4.1	加倍	加小费

因此，根据不同的拥堵程度，采取在不同时段多种定价方式混合的策略能实现更好的营运结果。在道路的通行时间小于 17 分钟时，即中低拥堵程度下进行计程计时定价；在通行时间大于 17 分钟时进

行加小费定价或加倍定价。仿真结果如表6.6灰色部分所示，成交概率和消费者剩余的最优结果都在两种混合动态定价策略中实现。但两种混合定价各有优势，计程计时混合加小费的定价方式可以实现最大的消费者剩余，而计程计时混合加倍定价的方式可以实现最大的一次性成交概率。

表6.6　　　　　　　不同定价方式的仿真结果比较

价格	平均一次性成交概率	增加比例（％）	平均消费者剩余（元）	消费剩余增量
计程	0.101		1.32	
计程计时	0.164	62	2.26	0.94
加小费	0.266	163	4.44	3.12
加倍	0.288	185	4.00	2.68
中低度拥堵计程计时＋严重拥堵加小费	0.288	185	4.85	3.53
中低度拥堵计程计时＋严重拥堵加倍	0.291	188	4.30	2.98

三、指派方式的仿真结果

出租车作为平台在使消费者满意的同时，也需要考虑司机的需求，激发司机方供给的积极性。在北京地区早晚交通高峰时段，整个出租车市场的用车需求较大，近似卖方市场。出租车司机这一时段较少考虑成交概率问题。司机在平台交易中的使用体验和每单交易的剩余价值对司机方满意度影响较大。目前约车平台同质化严重，但指派方式却有很大差别。主要指派方式有以 Uber﹣百度平台为代表的系统指定司机方式，和以滴滴平台为代表的司机抢单方式。

表6.7中消除了随机因素的多次仿真平均结果表明系统指定司机方式的平均等待时间小于抢单方式，并且其司机剩余高于抢单方式。

图6.4给出了某次仿真中整个早高峰时段两种指派方式导致的指派等待时间和平均司机剩余情况。由于抢单方式假定单位时间将订单随机发给 n 位司机，仿真中取 $n=5$。如果 n 位司机均无交易的意向，则订单延续到下单位时间，继续向 n 位司机发布；持续这一过程直到有司机应答。而系统指派方式则由系统从该区域所有待交易司机中直接筛选最低价格意愿的一位，交易达成。因此在严重拥堵时由于司机的时间成本很高，订单通常要经过多轮的等待才能找到适配的低意愿价格司机。中低拥堵情况下，由于司机的时间成本不高，单位时间内会有多位司机有意愿提供交易，抢单方式的等待时间与系统指定方式无异；但无法保证最先抢单的司机一定是意愿价格最低的司机，因此每单平均司机剩余小于系统指定方式。

表6.7 不同指派方式的仿真结果比较

指派方式	平均等待时间（分）	每单平均司机剩余（元）
系统指定	1	3.46
抢单	1.06	2.88

由仿真结果可知，系统指派是一种在时间效率和司机剩余两方面都占优势的指派方式。但这种指派具有一定的强制性质，降低了司机的交易自由度，在市场应用中反而受到了限制。

第六节 O2O平台供给调配的管理启示

传统出租车交易中，乘客和司机的时间价值不匹配导致的低成交率，不仅降低了乘客的出行效率，而且导致了出租车空驶率偏高，又进一步加剧了道路拥堵。"互联网＋"环境下拥堵信息的实时更新

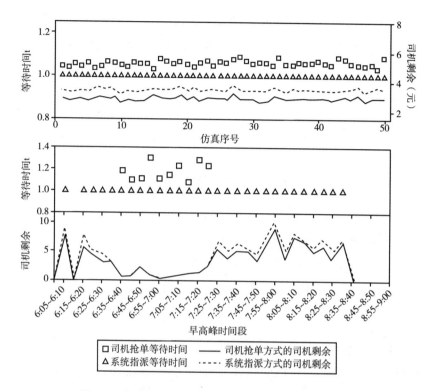

图 6.4 不同指派方式的系统等待时间和司机剩余比较

和供需信息的透明化为出租车的动态定价提供了可能性。目前一些出租车约车平台采取了动态定价措施，但大多仅根据市场经验操作而缺乏理论依据，制定的动态定价机制带有一定的盲目性。

通过对司机和消费者个体时间价值分布的调研，本书对目前出租车交易平台中存在的动态定价和指派服务模式进行了多个体交易过程仿真。模型能够定量反映动态定价策略和指派方式对出租车交易系统运营效率和服务水平的影响，修正了部分有局限性的静态研究结论。仿真结果表明，常规出租车实行的计程计时定价方式只能解决中低拥堵时的出租车交易匹配问题；考虑计程计时定价和严重拥堵时加小费或加倍定价的混合动态定价策略才能够体现司机和乘客的时间价值特点，提升出租车的拥堵交易率；系统指定司机的指派方式既能够有效控制出租车指派的等待时间又能保证最优的司机剩余，是值得提倡的。但强制性的系统指派方式不易得到司机理解，因此需要交易平台加强与司机的信息沟通。模型为不同拥堵程度下的最优动态定价策略选择提供学理分析。这既有助于出租车交易平台合理运用价格杠杆，提升交易量，提升消费者和司机满意度，也有助于城市提高拥堵时段的交通运输效率。

出租车运营在复杂的城市道路交通背景下，本模型的局限性在于：首先，实证数据调研和路段通行状况模拟都基于北京石景山区阜石路这一典型路段进行，将本模型的结论应用于其他环境时需要对模型参数进行适当调整；其次，早晚高峰的通勤需求较多，很多通勤需求具有准时到达目的地的约束。个体的时间价值在时间轴上的分布不是一成不变的，可能会随着上班时间的临近急剧上升。我们在未来的研究中将对乘客时间价值分布随时间的变化特点进行模拟。

第七章　O2O平台的空间需求分析

第一节　O2O平台供需匹配问题

从2012年开始，O2O受到了创业者的极大关注。一方面O2O快速发展。现代城市生活节奏越来越快，城市居民特别是年轻人从事家务活动的时间越来越少。大数据使得城市居民家务活动O2O化（线上转线下）。家政O2O、外卖公司可帮助无暇或不会做家务的都市人完成洗衣、做饭、打扫卫生、洗车等家务。据环球网2016年1月报道，2015年，外卖市场全年交易规模达457.8亿元。饿了么以33.7%的交易额占比位居第一，美团外卖及百度外卖为第二、三位，其中白领商务市场、学生校园市场、生活社区市场占比分别为67.7%、26.6%与5.7%①。而另一方面则倒闭了很多O2O平台企业。在2014年的"井喷"式发展后，国内O2O领域经历了2015年的"寒冬"，其间大量O2O项目死亡，其中不乏一些被大家很看好的项目。

---

① 解放日报.760亿元的外卖如何改变我们的生活［J］.信息与电脑：理论版，2016（24）：255.

平台这种商业模式的价值在于打破信息不对称，匹配供需，提高交易透明度和交易效率。O2O 平台能够继承这些优点，才有发展的价值。例如，传统的打车是乘客在路边等，而空载司机在路上转，两者碰上了才能达成交易，但由于双方不知对方信息，所以交易达成效率较低，这就造成了"打车难"问题。传统的呼叫中心运营效果很不让人满意，而我们通过互联网把乘客的位置信息快速地传递给司机，司机快速响应，双方达成交易，这就在一定程度上解决了"打车难"问题，给乘客带来了"有效、省事"的感觉。

但这种 O2O 服务类似于"上门"服务，平台调动供给方去主动寻找需求方。在实际中，O2O 的发展已经不仅仅是从线上到线下，而是出现了很多新的形式，基于此，赵桂珺（2013）依据线上线下互动关系提出了四种类型；林小兰（2014）综合了线上和线下互动的顺序和方式，提出了多向 O2O 概念。根据供给方和需求方的匹配方式不同，孔栋等（2016）把众多 O2O 生意分为"到店型"O2O 和"上门型"O2O。这些不同形式的 O2O 在商业模式上也表现出很多不同。孔栋等（2016）详细地界定了每个类型的"个性"。作为 O2O 模式的一种类型，"上门型"O2O 模式指消费者在提交订单后，可以"足不出户"地消费订购的产品或服务。其中"上门型"指由商家到消费者指定的地点提供产品或服务。虽然传统电商也能够通过物流实现"上门"服务，但"上门型"O2O 由于关注的是本地消费市场，所以，第一，它不仅可以实现实物型产品的提供，还可以实现服务型产品的提供；第二，它可以实现快速送达，如半小时内。在实践中，"上门型"O2O 表现出了较戏剧性的现象：一方面在目前"体验经济"和"懒人经济"的大背景下，"上门"型 O2O 表现出了强劲的发展势头，如外卖、打车等就是目前发展最迅猛的领域；另一方面在

2015年O2O项目死亡名单中，"上门型"项目占据了较大的比例。

　　另一种为"到店型"O2O项目，其商业模式多为传统行业的互联网转型而来，涉及的行业种类比较多。2010年，TrialPay创始人兼CEO——Alex Rampell首次提出了O2O这一概念，认为O2O的关键是吸引线上用户到线下实体店进行消费体验，这也是Online to Offline的由来。无论是"大众点评""美团"等第三方平台网站通过提供流量和推广吸引线下商家入驻，平台网站和商家分别为消费者提供线上和线下服务；还是像"苏宁""银泰"等商家通过自己构建线上服务平台（网上商城），同时为消费者提供线上线下服务，都属于吸引用户到周边的线下门店消费的"到店型"O2O平台（刘征驰等，2016）。它们的共同特点是线上提供增值服务，搭配线下提供的真实产品消费。例如，"大众点评"的online平台部分提供的是商家信息查询、客观用户评价、比价、线下门店环境和服务情况展示，线上的支付、下单、反馈等网络服务价值，offline部分的商家提供的是餐饮、娱乐、影院、旅游等本地生活服务；如"苏宁""国美"等平台的online部分提供的是产品信息查询、客观用户评价、比价、售前咨询、售后退换服务，线上的支付、下单、反馈等网络服务价值，offline部分提供的是百货、家电等实物产品购买。

　　可见，虽然"到店型"O2O平台能够提供比价、客观评价等价值，但与"上门型"O2O平台相比，缺少了上门服务的价值。因此，对于"到店型"O2O平台来说，如何吸引用户到店消费确实是平台发展的关键问题。即如何进行空间上的供需匹配，促进平台发展。另外，由于平台的另一方连接的是线下门店，因此供需匹配工作出现了很多新的特点，也更具有难度。

第二节 O2O 平台线下消费的特点

在 O2O 模式中，线上和线下的结合更紧密了。对于 O2O 与一般电子商务的差异，马青等（2014）认为 O2O 模式和传统电商的不同在于 O2O 无需物流，消费者可以上门消费。池莲（2014）认为和传统电商以实物商品为主不同，O2O 以服务性产品为主；传统电商与实体店是竞争关系，而 O2O 为实体店导流，是合作关系。O2O 模式的优势，主要体现在"三赢效果"（池莲，2014）。对消费者来说，通过 O2O 可以获得更多的购买信息、更优惠的价格、更便捷的查询搜索（卢益清和李忱，2013）；对商家来说，通过 O2O 可以增加客流量、降低营销成本、提高对营销效果分析的准确度（张荣齐和田文丽，2013）；对 O2O 平台商来说，可以获得流量和广告收入、凭借大量交易数据可以开发出更多盈利渠道。

O2O 模式中的各参与方投入的成本不仅和线上运营有关，而且更加重视线下运营以及线上和线下运营的整合，这和传统电商重点关注线上运营也是不同的（从滴滴、快的、Uber 打车的高额补贴到现如今餐饮外卖、上门服务的补贴，都在利用高成本运营来换取用户量）。O2O 平台在定位、运营等多个方面表现出和传统电商很大的不同。传统电商以实物商品为主，强调性价比，如"天猫""京东"等纯电商的"线上下单，快递运送"的传统方式中，线上平台和线下实体店一般是竞争关系。而 O2O 以服务商品为主，强调更好的顾客体验，其和实体店一般为合作关系。

在 O2O 模式中，商家通过线上服务平台的社会网络化营销将消费者引流至线下；消费者到线下门店完成对产品或服务的消费，并将体验反馈到线上服务平台；商家对用户反馈进行数据分析，改善用户体验，进一步挖掘消费者潜在需求。O2O模式强调线上与线下的结合，线上为线下服务，其本质是将线上用户引导到线下消费，特别适合于需要"产品＋服务"或者通过非标准化服务才能完成的生活类消费或体验式消费，相对传统的电子商务"电子市场＋物流配送"模式，O2O模式大多采用"电子市场＋到店消费"模式。在此过程中，线上线下双向互动、渗透，形成数据与信息的闭环。

与传统电商"买全国卖全国"不同，O2O更关注消费者本地生活市场。随着互联网对国民经济渗透的持续深入，生活服务业成为互联网下一步渗透的重点。2010年后，我国通过网络购买本地生活服务的市场规模迅速增大，艾瑞咨询数据显示，2012年中国本地生活服务在线商务用户规模达1.35亿人。基于此，孔栋等（2016）把O2O模式定义为将线下实体商家、消费者地理位置和互联网结合起来，通过协同线上和线下优势，基于消费者本地市场，给其带来更好消费体验的一种商业模式。当然一些线下门店会通过"上门"服务或自建物流，使服务范围扩大一些。"上门型"O2O企业一般会自建物流团队，即"上门型"O2O企业在网络中承担两种角色，既是"上门型"O2O企业也是物流商。

因此，O2O平台的主要任务就是如何结合线下消费行为特征，进行空间中的供需匹配。一个简单的例子是"上门型"O2O平台的供需匹配。在"上门型"O2O情境下，O2O企业通过IT及互联网技术，可以给消费者展示其周边的供应信息，让其便捷地选择合适的产品或服务，如饿了么会自动定位用户现在所在的位置，然后向用户提供周边的各种外卖信息，选择购买非常方便。"上门型"O2O企业也可以给供应商展示消费者的需求信息，让其选择合适的消费者来提供产品或服务，如滴滴打车产品总监罗文说："'滴滴'通过乘客端 App 收集需求信息，并同步地把这些需求信息传递给出租车司机，出租车司机根据情况选择合适的乘客来提供服务。"而要想实现有效的信息匹配，"上门型"O2O 企业需要先通过推广来获得大量、实时的供求信息，然后再通过线上平台的运营实现高效准确的匹配。这本质上是在"信息"资源方面，通过线上线下的协同，实现高效的信息匹配和共享。一方面，通过线上渠道，把收集到的线下的供应或需求信息展示给对方，实现供求信息的匹配，从而提高交易效率。如滴滴出行是收集线下的乘车需求信息，并通过线上渠道展示给出租车司机。另一方面，通过线上渠道，在各成员间共享业务信息，从而提高运营效果。如饿了么在网站上共享对各个加盟餐馆的审查信息，和消费者一起监督加盟餐馆。

首先，供需匹配需要注意"量"的问题。在资本的驱动下，一些新涌现的 O2O 平台经常出现供给过度：2016 年，相关部门多次发布移动出行政策，从车辆标准、人员准入和服务年限等多方面进行了细化，每一次都引发用户、企业以及业界热议。例如，共享出行行业中，一方面是数家共享出行企业的疯狂竞速扩张，另一方面则是车辆停放与政府规划速度之间的矛盾，城管与交通部门收车新闻的屡屡曝光即以上矛盾最直接的表现形式。令业界欣慰的是，共享单车与政府并非水火不容。从 2016 年 12 月底 42 个城市网约车管理实施细则出台前后企业的表现来看，企业正在尝试新的竞争形式，滴滴推出租车及小巴等业务、神州专车面对社会车辆和司机开放的"U +"平台、首汽约车上线的"自营 + 加盟"网约车模式都是企业在寻找更多的资源契合点。被认为是接棒滴滴的共享单车行业也在经历新兴模式快与政策跟进慢的尴尬期。除了出行类的企业外，餐饮 O2O 方

面的企业与相关监管部门的互动也相对频繁。据了解，美团点评在
2016 年四季度与上海市长宁区市场监管局共同启动食品安全社会共
治示范项目，其中包括一个名为"天网"的入网经营商户电子档案
系统。据了解，企业将针对长宁区入驻餐饮商户建立电子档案，跟踪
餐饮商户入网、经营、退出的全生命周期情况，做到"户户有记录、
问题有着落"。

其次，供需匹配也需要注意由平台形成的"供给方网络"结构
对空间内需求的影响。对于"到店型"O2O 平台，"入驻"平台是一
个对线下门店重新组网的过程，"自建"平台是一个线下门店重新布
局的过程。因此线下门店组成的商家网络对用户消费的影响应该非
常重要。

第三节 O2O 平台的用户获取

凯文·凯利在《必然》一书中预言：我们会继续给自己制造的
事物添加新的传感器和器官功能，每样事物都将相继获得视力、听
力、GPS 定位能力等，这些能力会提升我们与技术的互动水平、促进
我们与技术的亲密度，直到我们欣然融入技术本身（凯利，2016）。
依靠技术实现万物连接、不断缩短连接距离、提升社会效率是互联网
永恒的发展主题。事实上，技术驱动下人类改变社会交往方式的步伐
才刚刚启动，一旦我们把自己置身于全球实时同步的社会，每个人都
能随时与他人以及广域的事物相联通，过去被视为不可能的事将真
正开始以"涌现"的方式变为现实。

O2O 代表的未来趋势是缩短人与服务的连接与效率。根据 CNN-
IC 的最新数据，中国网民数量达到 7.51 亿人，互联网渗透率超过全

球平均水平，其中手机网民达到 7.24 亿人（付伟，2017），移动互联网发展推动了消费的共享化、设备的智能化和消费场景的多元化。因而移动互联网生态成为网络社会发展进阶的关键部分。移动互联网和互联网用户基本上已经达到了 1∶1。互联网技术从最开始的Web1.0 到人们正在讨论的 Web3.0，计算设备性能的提高、电信技术的进步、移动设备以及人工智能的发展一步一步实现了实体设备的连接、人与人的连接、人与物的连接、人与环境的连接，并开始迈向虚拟与现实、线上与线下的高连接阶段，连接将变成"Anytime、Anywhere、Anyway"，无处不在的连接构成了将来的数据网络，真正满足用户的个性化和全方位的需求。互联网发展的新趋势是从满足人与人之间的沟通需求转变为对接人与商业和服务，并全面嵌入人的日常生活，成为生活形态的重要组成部分。由此，互联网从提供相对有限的服务转换为适配于时空场景甚至心理场景的复杂服务。人们在产品的使用权而非所有权方面表现出越来越多的灵活性，用户对互联网的需求又开始超越双向互动的层面，更加强调媒介与所在地环境融合提供特定场景下的适配信息和适配服务。

在此逻辑下应运而生的 O2O 平台作为场景入口的新尝试，其工具属性建立人与服务的最短路径、激活并整合线下商业场景，由于场景的进一步个性化与精细化，只有综合考虑用户的使用频率、功能需求以及用户体验等，将 O2O 平台看作解决问题、满足个性需求的灵活便利的隐形工具而非流量入口，才能找到其更适配的应用场景和服务展开的市场空间。从解决买电影票、门店点餐、查看公交车候车时间等问题来看，激活并整合线下商业场景，用户可以面对不同的物品与服务，搜一下或扫一下二维码就可以获得相关服务：从逛博物馆到饭店点餐，无论是满足信息需求还是满足服务需求，用户都可以在最短时间内感受某一平台的核心功能。平台可分为电商类和整合服务类两大类：电商类有社区 001、巨头京东、苏宁云商等；整合服务类包括家政洗衣服务类、餐饮服务类、社交类、生活服务类等。围绕着 5 公里社区生活服务圈，前者可实现线上订货、线下取货或者当日快速配送，而后者则可实现线上预订，线下体验及消费，极大地提高了生活的便利性和社区生活的电商化程度。

本地生活服务已经成为当前 O2O 商务发展最快、应用最多的领域。生活服务领域天然的位置相关性决定了移动终端更有利于 O2O 商务的发展，手机的随身性与用户的实时性生活需求吻合，利用手机的随身性、用户身份的唯一性、位置的可追踪性等特征，可帮助商家抓住大量潜在的即兴消费用户，开拓更大的市场空间。对于简单且不紧迫的任务，例如，餐饮休闲类信息搜寻，用户一般采用线上浏览加线下观察的策略组合，在任务目标比较模糊的情况下，一般先选择一个比较宽泛的主题，再根据需求逐步缩减范围；对于简单但紧迫的任务，例如交通出行信息搜寻，任务目标比较明确，用户一般会选择直接搜索加快速浏览策略，在尽量短的时间内完成搜寻任务；对于复杂且紧迫的任务，例如，医疗信息搜寻，用户需要获取症状病情、治疗方案、医院与医生等相关信息，对搜寻结果的精准性要求高，因此一般会采取线上重点搜索与线下交流相结合的方式，如先通过网络找到权威的医生，再通过面对面或电话交流从专家处获取其他信息，是一种由点到面的信息搜寻模式，即先找到关键线索，再逐步拓展搜寻范围；对于复杂但不紧迫的任务，例如，旅游信息搜寻，用户需要获取交通、景点、门票、酒店、餐饮等信息，信息搜寻时间周期长，因此多采用广泛搜索和持续追踪策略，通过多个渠道、分多次完成信息搜寻任务。

O2O 模式下消费者的需求一般比较清晰，具有目标导向性特征。需求产生于人、情景和活动的复杂交互，移动情境下需求的触发因素主要包括：地理位置、时间、活动、社会交往等（Heimonen，2009）。例如，在团购 App 中搜索"附近"的商家，对搜索结果按照"离我最近"进行排序；移动终端的随身性和便利性使用户可以充分利用"碎片化"时间来满足突发性的需求；由活动触发的移动 O2O 需求如"开车的时候需要查一下行车路线和导航信息""旅行过程中经常要搜寻景点、酒店等信息"；与同事、朋友、家人等的社交活动也会触发 O2O 需求。环境对消费者需求的主要影响包括地理位置能够触发用户基于位置的需求，时间、天气和季节变化对人的衣食住行都会产生影响，进而触发相应的需求。当用户离开熟悉的生活环境时（如到外地出差、旅游等），往往会产生更多的 O2O 需求（曹越，毕新华，苏婉，2018）。

O2O 平台的用户获取需要注意的问题是平台连接的物或服务要有耦合性。如果平台连接的服务耦合率低，用户会因为施拉姆所谓的"选择的或然率公式"（管琼，2017）中的"费力程度"太高而抑制了自己的这类需求。因此平台连接的物或服务要有耦合性。让用户觉得有价值，被选择的"或然率"自然会提高。各类线下的商业场景，人为设计的原因是基于满足受众心理预期而达到商业目的，这要求对场景进行进一步细分、提供更加精细的服务。

线下门店的互补关系或者规模效应，会提升平台的有用性或便利性。例如，Turel 等（2006）在科技接受模型的"线下存在"和"感知有用性（或感知便利性）"两个变量中对线下门店的互补和规模效应进行研究。他们在定义便利性价值时就定义了四个问项：CV1移动 O2O 商务能让我随时随地查询想要的服务；CV2 移动 O2O 商务能让我随时随地订购所需的服务；CV3 移动 O2O 商务能为交易提供便利的支付手段；CV4 移动 O2O 商务能为我的工作生活带来很大便利。

例如，英国最大的 O2O 电商 Argos，已覆盖英国 2/3 的家庭，设有众多社区门店，顾客线上订购后，可以很方便地到门店验货、提货①。国内的顺丰"嘿店"就是典型的社区 O2O 电商模式，顾客可店内体验，即时扫码购买，店内提货。另外，社区 O2O 电商使得柴米油盐、家政、洗衣、维修、缴费等都能在社区实现，便民利民。由于实体店的存在，使其具备了纯网店所不具备的功能，因此，也增加了消费者对于社区 O2O 电商模式有用性和易用性的认知。

第四节　O2O 平台商家空间网络

对消费者和门店的空间网络之间关系的关注，起源于经济地理学。经济地理学用空间网络来解释一些经济、管理问题，强调对商家空间位置的重视。例如速食店（Thomadsen，2005）、电影院（Davis，2006）、加油站（Houde，2012）、录像店和眼镜店（Seim，2006）。例如 Seim 的工作中，地理位置的差异对企业的销售是非常重要的（Mitsukuni Nishida，2015）。传统的网络产业，如电信、电力、邮政、航空等行业依赖网络型的服务点或基础设施像向消费者提供产品或服务。相比于平台型企业，这些行业中的企业面对的是单边市场，非常重视空间位置，因为有自然垄断效果（程贵孙，2010）。

很多研究发现企业发展与空间网络有关（Tracey，Heide，Bell，

---

① 肖妍. Argos：老百货不念旧［J］. 全国商情（零售），2013（23）：82 - 83.

2014)。以前在经济地理学中有人研究发现企业的地理位置聚集是创新的灵药。地理位置集群的构造和集群内部的管控情况是影响地理位置集群表现的关键变量。集群结构和管控程度的匹配也是影响地理位置集群对创新推动能力的关键变量。管控能力与地理位置有关，距离越远越会弱化管控能力。把企业发展成具有中心性结构的地理位置集群，有利于产生快速推广新产品需求。研究结论是，新产品的产出是由宏观的网络子团之间复杂的相互作用以及微观的它对其他节点的统治支配过程作用的；结论就指明了"地理信息"和"位置"在企业营销决策制定中的重要性。

也有研究把空间网络引入连锁便利店竞争战略分析。Mitsukuni 和 Nishida（2015）把空间内的便利店定义为供需匹配、供应方之间互补或竞争的关系。把市场分成网格，在每个网格中制定局部市场布点策略，在网格中比较两连锁店的竞争后利润，寻找整个市场中利润最大化的，局部网格策略。这个工作的结果也可以用于解释 ATM 的布点问题，因为 ATM 也涉及覆盖需求和运输距离的权衡问题。选址时要考虑竞争对手的情况，同时也有一些自身网络结构的权衡，例如，聚集可以节省成本，但聚集就会使自己和自己竞争相互损害销售量，因为网络关系的变化可以影响总的销售、降低消费者的出行成本，增加公司总收益。结论是在城市里，成本节约和自我竞争的权衡的结果是正的，就应该更聚集，城市外，权衡结果是负的，就应该分散。这是因为大城市人多，所以自我竞争的损失有限，小于成本节约带来的收益。这个工作就是建立了一个两品牌的战略店铺网络选择模型，和以前工作相比，它解释店铺空间网络的作用；还模拟了加入或撤销一个店铺对整体收益的影响（Mitsukuni Nishida，2015）。

那么随着互联网行业发展出了双边电子商务平台，传统电商用信用体系保障了交易的延迟、物流配送，一定程度打破了供给方的地理位置限制，空间位置显得不重要了。但目前发展出了新经济模式，如 O2O 平台，使得空间位置又变得重要起来。例如百度外卖（食物的消费有时间限制），旅游购物平台（消费者在该地的停留时间有限制）以及共享资源平台，他们的消费者只支付了使用权，没支付所有权，所以没有耐心太久等待，借东西都是方便快捷最好。双边用户的交易中，还要考虑双边用户地域上的限制。成立于 2015 年 1 月的"吃好点"平台，有五位创始人。"吃好点"实际上是要基于"吃好点"平台在写字楼、小区租用多个工作室，把每个工作室装扮成社区厨房店，大厨被平台从饭店解放出来自己开店，一个大厨守一家店，间距在 500 米左右。

从上面的例子，可以看到线下门店的服务受距离的制约。对于大多数服务平台更是如此，服务的特点之一就是全部市场的数量对用户影响微乎其微，局部地区的服务供给对用户影响较大。与一般的互联网平台不同，O2O 平台和共享经济平台应注重微观局部区域内需求与供给方的关系，每个供给点的相互关系对平台发展的影响。这种特点就打破了一般的平台网络效应，呈现了一种空间中的局部网络效应。Shriver（2015）的研究发现，对于很多 O2O 平台，局部空间的双边正反馈存在，且网络效应是局部效应的宏观体现。他利用燃料电池车的推广数据证明了确实有间接网络效应存在，他对空间位置燃料补给站的间接网络效应进行了实证研究。用回归分析的方法，测算了空间位置上增加一个燃料站会增加多少购买需求，发现地区的影响是显著的：互补品的网络效应是通过每个空间位置上的互补品提供产生的。证明了间接网络效应是每一个局部地区的空间位置上的供需相互正反馈机制的宏观表现。局部地区的间接网络效应存在

（Shriver，2015），但没有空间网络的概念。

第五节　O2O 平台网络效应的新特点

目前有一个错误的观点是"互联网是个无远弗届的垄断生意。IM、搜索引擎、社交网站…… 哪个最后不是只剩下寡头？O2O 必然如此"。其判断理由是，和很多其他互联网平台一样，O2O 平台具有经济学中双边市场的特征，因此会出现赢者通吃的现象。

从经济学的角度来看，"上门型" O2O 是一个非常典型的双边市场：有两个互相提供网络收益的独立用户群体的经济网络，这是维基百科的定义，更为简单的理解就是服务的供给和需求来自不同地方。很显然，O2O 的供给来自劳动者，而需求来自消费者。因此，它是一个非常典型的双边市场。在单边市场中，传统价值链流动都是单向的：从成本到收入。而在一个双边市场中，供需双方都有成本，又都获得收入，因为平台为双方提供服务时，既付出成本，也获得收入。同一市场内的双方具有相互依赖性，经济学家把这个现象称为网络效应或者需求方的规模经济。在正网络效应的作用下，平台对于任何一个用户群体的价值，在很大程度上取决于网络另一边用户的数量。平台对网络两边的用户需求匹配得越好，价值就越大。因为网络效应的影响，成功的平台将享有递增的规模收益：用户愿意为规模更大的网络支付更高的价格，因此，用户基数越高，平台的预期利润率也越高。由于收益递增的存在，双边市场行业集中度很高。居领先地位的平台会利用高利润率优势，加大研发投入或者降低服务价格，进一步蚕食剩余市场份额。最后更有可能出现赢家通吃的局面，形成自然垄断。

但实际上，很多 O2O 行业存在着很强的负网络效应。即用户越多运营成本越高，商家获得的价值不增反降。一个例子，以 E 洗车为代表的汽车后市场服务类 O2O 公司接二连三的倒闭，表面上看似乎是资金链断裂，实质上是其所具备的资本能力无法驾驭市场，很难改变用户原有的生活习惯，可能再过个十几二十年这些会被用户逐步接受，但当下来说确实为之尚早，O2O 上门洗车服务现在是一个标准的伪概念。试想洗车大概需二三十元，大家也早已习惯开到实体店里去清洁保养这样专业的场景化服务，而两三个人的洗车小组要往返于各用户之间，一天洗不了几台车，人力成本耗费太高，人员调配相当复杂，推广起来是主打便捷还是服务？再加上补贴烧钱培养用户习惯与忠诚度，结果可想而知。

O2O 的项目太多，保洁、家电维修、美甲、推拿、生鲜等，每一个项目只要是重资产模式的话，成本都是相当的高，要完全统一或者垄断还是比较困难的。而且由于成本高，在中小城市运营很难盈利，只适合于大城市。现在很火的 O2O 项目都是从大城市开始的，人口基数和人们的经济收入水平是个非常重要的因素。

边际成本越来越大，意味着一味追求规模，边际效用会从正向变为负向。这就带来了两个问题：一是寻找拥有正向边际效用的供给方服务边界？在商家的边际成本为正的空间范围内正确地预测需求量，调配服务，做好供需匹配的调节，对平台的成功运营非常重要。二是负向的网络效应条件下供需空间匹配如何影响平台发展？解决这些问题对平台的战略发展意义重大。

第八章 空间上供需匹配对 O2O 平台发展的影响

本章我们研究平台供给方的空间位置形成的网络结构对用户价值的影响，进而如何作用于网络效应的发挥，影响平台的发展，如市场份额、竞争力等。

第一节 局部空间供需匹配研究背景

在"互联网＋"蓬勃发展的新经济形态下，很多制造企业、传统网络运营商都在积极地进行平台化转型。例如，汽车制造商戴姆勒公司推出了 Car2go 分时租赁业务，IBM 公司推出了 DriveNow 业务，探索从传统汽车制造业务向汽车资源分享平台业务转变；海尔电器成为创客平台提供商，发展小微企业创新平台服务业务；中国移动、中国联通等网络运营商成立了物联网平台服务基地等。平台型企业与传统企业的最大区别在于其顾客分为两类，平台规模的扩大需要吸引个人用户和入驻卖家（供给方）两方接入平台进行交易或交互（程贵孙，2010）。这种"双边市场"结构决定了平台发展遵循一个共同机制——交叉网络效应。网络效应机制的研究是了解平台型企业运行规律的重要途径。近年来，随着网络分析方法引入网络效应研究，网络结构在网络效应机制中所发挥的作用不断得到重视。研究发现小世界网络类型、中心性节点、跨边界节点等网络属性对平台发展有利（Dover，Goldenberg，Shapira，2012）。但是现有研究多数是基于用户社会关系网络进行平台发展策略讨论，还未考虑平台另一方——供给方的交互关系及其网络结构对平台发展的影响。

从一些平台的实际运营状况来看，资源供给方的空间网络结构对消费者的平台使用决策很重要。以电子商务平台为例，在过去的十年中，通过物流配送，网商用时间换空间，一定程度上打破了供给方的地理位置限制，空间位置一度显得不重要。但不是所有的产品都适用于这种销售方式。对于一些产品品质随着时间迅速下降的产品，例如餐饮，消费者时间有限的情况，如旅游 O2O 购物，以及一些服务类消费，如剪发，由于生产和消费必须同时或短时间内进行，因此其供给和需求必须在局部地区内得到匹配。随着电子商务进入这些领域，如百度外卖平台、旅游购物 O2O 平台，就需要重新重视消费者周边地区的资源供给方分布情况。再以共享经济平台为例，"共享"不是买，消费者只支付了使用权，没支付所有权，所以没有耐心太久等待，方便快捷最好。因此共享经济平台也要求供和需在短时间内尽快匹配，需要考虑资源供给方的空间位置分布。表 8.1 给出了一些大型平台是否受空间位置限制的情况对比。随着移动互联技术和物联网的发展，需要实现空间供需匹配的平台大量涌现，要重新重视"位置"属性对平台发展的重要性。

表8.1　　　　　　　　平台是否受空间位置限制的情况对比

名称	平台性质	空间供需匹配情况	名称	平台性质	空间供需匹配情况
淘宝	B2C 电子商务	不需要	Wiki 百科	内容搜索	不需要
链家	房产中介服务	需要	百度外卖	B2C 电子商务	需要
银行	金融服务	需要	Airbnb 民宿	共享经济	需要
杂志广告	媒体广告	不需要	Car2go 租车	汽车分时租赁	需要

供给方的空间网络结构更复杂。根据 Nishida 的观点，供给方之间的关系不仅受到空间位置的限制，而且其关系性质也存在两种可能，互补或竞争（Nishida，2015）。供给方与个人用户的关系，不仅要考虑双方空间位置带来的时间便利，还要注意到，供给方所在位置的社会经济属性对用户的吸引力。例如，位置是否繁华、是否为交通枢纽等对用户购买决策的影响非常大。像 Airbnb 这样的民宿共享平台，不仅要注重发展全平台入驻民宿的规模，更要注重一个旅游景点（需求点）周边可达区域的民宿数量、民宿与景点的距离、民宿所在位置的生活条件、民宿所在位置的交通条件等属性。因此，如何定义供给方的网络关系？供给方空间网络遵循着怎样的演化规律？供给方空间网络有哪些重要属性，这些属性如何影响平台的发展等问题值得研究。本书将从平台的供给方入手，将供给方的空间位置属性、空间位置所带来的外部社会经济属性引入交叉网络效应模型，讨论平台的发展与竞争策略。

第二节　局部空间供需匹配相关理论基础

一、平台网络效应的微观网络研究

交叉网络效应是指平台的消费者与资源供给方存在相互激发的

效果，即一边用户的参与可以激发另一边用户的参与动机或需求
（Rochet and Tirole，2010）。随着平台的交叉网络效应机制在实证研
究中逐步被验证（Armstrong，2006；Armstrong，Mark and Wright，
2007；Wright and Kaiser，2006），学者试图从微观的视角探寻交叉网
络效应发挥作用的本质以及效应强弱产生的原因，通过将消费者方
的网络拓扑结构和微观个体决策函数引入双边网络平台模型，微观
网络研究深化了对交叉网络效应的理解。Lee、段文奇、张良杰等的
工作发现买方个体之间口碑传播、从众心理等微观交互模式所呈现
的社会网络结构会影响平台的发展速度（Lee E.，Lee J，Lee J.，
2006；赵良杰，赵正龙和陈忠，2012；段文奇，2014；段文奇，
2015；赵保国和余宙婷，2013），Dover 和 Goldenberg 论证了在小世界
网络的社会交往结构中平台发展效果最好（赵保国和余宙婷，2013；
Dover，Goldenberg and Shapira，2012）。对于平台启动问题，López-
Pintado 采用平均场的方法验证了用户规模临界容量取决于网络连通
度的具体分布（López-Pintado，2008），即消费者网络结构也会影响
临界容量和突破临界容量的速度（López Pintado，2006）。因此，在
平台发展的初期可以根据个体在网络中的位置遴选初始种子用户，如
跨边界位置的用户（Tucker，2008）、Hub 节点用户（Goldenberg et
al.，2009）等，制定平台发展策略。对于个体差异性问题，段文奇和
陈忠发现消费者的创新偏好（段文奇和陈忠，2007），Zhu 和 Lansiti
发现消费者对平台发展的预期（Zhu 和 Lansiti，2011），Lim、Watts
和 Dodds 等发现代表个体受朋友影响程度的"个体网络阈值"（Lim
et al.，2003；Watts and Dodds，2007）等变量的分布情况都对平台发
展有重要影响。微观网络研究还发现了网络效应的反作用力——局
部网络效应。局部网络效应指消费决策通常受到周边朋友而

不是整体消费者的采纳行为影响的现象。通过实证分析，Lee 等在即时通信软件平台（Lee and Song，2003），Tucker 在视频信息技术产品（Tucker，2004），Birke 和 Swann（Birke and Swann，2006）、Corrocher 和 Zirulia（Corrocher and Zirulia，2009）分别在移动通信网络平台的推广过程市场中证实了局部网络效应存在。对于局部网络效应显著的行业，社会网络拓扑结构比用户基础起着更加主导的作用。局部网络结构导致旧平台"赢者通吃"失效，是新平台突破锁定的有效途径。

二、空间网络研究

现有的微观网络研究主要关注用户网络，但对于一些产品或服务供给要受到地理位置限制的 O2O 平台、共享经济平台来说，供给方位置对平台发展也很关键。资源供给方的空间网络结构如何影响网络效应的发挥等问题值得研究。本书对资源供给方空间网络的研究思路主要来自两方面的文献。

一方面，一些经济学和管理学研究开始重新关注"位置"信息，试图利用空间网络概念解释不同的空间位置布局如何影响企业的竞争、新产品扩散等问题。"位置"对经济决策的影响起源于经济地理学，研究发现速食店、电影院、加油站、录像店和眼镜店的地理位置差异对企业销售是非常重要的（Nishida，2005）。但相比于简单的地理位置，空间网络更善于反映地理位置通过影响企业竞争和供需匹配形成的企业—企业关系和企业—用户关系。最新的工作开始利用空间网络进行研究，Tracey 等认为企业地理位置的聚集不是创新的万能药，企业空间网络结构的中心性结构与网络结构匹配的企业管控能力都是影响企业创新推动能力的关键变量（Tracey et al.，2014）。

Shriver 利用不同地区乙醇兼容汽车保有量和乙醇燃料站的发展数据验证了局部空间中的交叉网络效应存在，网络效应是每个燃料站激发局部区域需求形成的宏观现象（Shriver，2015）。Nishida 在四边网格中构建便利店的空间网络，并将企业—企业关系定义为互补和自我竞争两种，通过决策博弈的链入模型分析了便利连锁品牌的店铺网络选择策略（Nishida，2005）。

（2）复杂网络研究为空间网络提供了网络结构实证和网络演化机制的研究成果。Brockmann 分析了银行网点的空间分布特征（Brockmann，2006）、Guida 和 Maria 研究了意大利的航空网络（Guida and Maria，2007），Xie 和 Zhou 分析了中国航空网络结构（Xie and Zhou.，2007），发现企业空间网络既不同于规则的道路网络，也不同于高度中心化的社会关系网络。虽然都具有小世界网络的属性，但网络的度分布形式并不统一，有的服从类指数分布，有的服从双侧幂律分布（Qian and Han，2008）。

考虑到企业空间网络伴随着需求产生，消费行为特点对企业空间分布的影响最大。距离带来的时间成本因素固然对需求有明显的影响，但不是强约束，所以企业空间网络不会像路网。企业位置的社会、经济属性很可能较大程度地影响了消费决策。例如，航空网中城市的旅游、娱乐等第三产业规模对其网络形成机制的影响超过了城市规模和城市间距离。基于这些认识，学者提出了节点"质量"的概念，并利用"引力模型"解释空间网络的演化机制。所谓"质量"是指节点自身具有的内在和外在属性，对于不同类型的实际网络，它既可以代表节点大小和社交中心度，又可以代表节点的生产力要素规模、经济繁荣程度等外部属性。引力模型定义了空间网络中节点之间的吸引力不仅与距离相关，而且与节点的"质量"相关，引力模型对实证结果的解释度很高（Xie et al.，2007；Qian and Han，2008）。通过调整模型中距离和节点质量的系数，能够再现从星状结构向类似道路网的不同的空间网络几何特征。刘宏鲲等以第三产业产值作为城市"质量"指标构建网络演化模型，较好地再现了航空网络的拓扑特征（刘宏鲲，张效莉，曹崴等，2009）。陈锐等综合经济水平、就业量以及交通流量等指标作为城市"质量"，构建了省际潜在流动人口网络（陈锐，王宁宁，赵宇等，2014）。

本章将基于引力模型设计资源供给方的空间网络演化机制，将局部空间中的资源供给情况作为消费者平台选择决策的主要影响因素加入交叉网络效应模型，考察供给方网络结构对平台发展的影响。将供给方的空间网络结构作为差异化属性加入消费者决策函数进行平台竞争扩散仿真是本书区别于以往微观网络研究的创新之处。

第三节　局部空间供需匹配研究模型

本书主要考察在竞争环境中平台的最优发展策略。假设市场中存在着两个主要双边竞争平台，新进入平台 E 有平台服务质量优势，旧平台 I 有用户基础优势。为了专注研究用户基础、用户网络结构对平台竞争影响，假定两个平台的定价相同且服务不兼容。这样的假设符合当前依靠广告收入盈利，且在行业中具有自然垄断地位的平台竞争者的实际情况。平台的消费者规模与供给方规模分别设为 b_{jt} 和 d_{jt}，其中 j 代表选择的平台 $j \in \{E, I\}$。

在交叉网络效应模型中，对于供给方影响消费需求的机制设计，Church 和 Gandal（1992）、Park（2004）、Nair（2004）等学者的理论研究已给出了较成熟的模型，本书将在此模型的基础上加入供给方空间网络影响因素。对于消费者规模影响供给方的机制设计，本书将参考 Zhu-Lansiti 模型（2011）中的供给方决策模型，从宏观视角构建平台的交叉网络效应模型。并假设供给方的空间网络演化机制服从引力模型。

一、平台双方用户的交叉网络效应机制

（一）消费者效用函数

根据 Church-Gandal 模型（1992）中的假设，消费者是短视的，其选用平台服务的效用主要取决于平台服务质量和平台连接的供给方数量。但根据局部网络效应的最新研究，供给方对消费者的影响更多地来自周边可达区域内的供给方数量。以民宿共享平台为例，在所在旅游景点周边的民宿数量对消费者的平台选择是有利的，其他区域的民宿总量对其影响不是很大。因此设定效用消费者当期的函数为：

$$V_{ijt} = \ln y + \ln \frac{Q_j}{\rho_j} + e \ln d_{ijt} \qquad (8-1)$$

其中：Q_j 表示平台服务质量，假设服务质量不随时间改变，ρ_j 表示平台服务价格，Q_j/ρ_j 是一个性价比的概念；d_{ijt} 为消费者 i 所在位置附近对其有吸引力的平台 j 的资源供给方的数量；e 为间接网络效应强度，$e > 0$。

间接网络效应强度是指单位供给方数量的增加会引发多少消费需求的变化。公式（8-1）的 $\ln y + \ln Q_j/\rho_j$ 是消费者获得的平台服务价值，主要与服务质量和价格有关；$e \ln d_{ijt}$ 是平台的网络价值，主要和消费者可达区域内入驻平台的资源供给方数量有关。

（二）消费者的平台选择决策

消费者的产品决策选择与可选产品的效用差异有关。延续 Nair

等（2004），Clements 和 Ohashi（2005）的研究，假定消费者的效用偏差服从 Gumbel 分布，采用对数公式来表示不同平台消费者效用的差异。Young（2002）认为从统计分析结果来看个体在进行策略选择时是以某种动态的概率偏离最佳选择。因此 t 时期消费者选择平台 j 的概率为：

$$s_{ijt} = \frac{\exp(V_{ijt})}{\exp(V_{iEt}) + \exp(V_{iIt})} \tag{8-2}$$

对式（8-2）整理后消费者选择新平台 E 的概率为：

$$s_{iEt} = \frac{Q \cdot d_{iEt}^e}{Q \cdot d_{iEt}^e + d_{iIt}^e} \tag{8-3}$$

选择旧平台 I 的概率为：

$$s_{iIt} = \frac{d_{iIt}^e}{Q \cdot d_{iEt}^e + d_{iIt}^e} \tag{8-4}$$

其中：Q 为两竞争平台的性价比之比 $Q = \dfrac{Q_E/\rho_E}{Q_I/\rho_I}$。它代表着新平台的服务质量和技术的优势。

综合式（8-3）和式（8-4）可得：

$$\frac{s_{iEt}}{s_{iIt}} = Q \left(\frac{d_{iEt}}{d_{iIt}}\right)^e \tag{8-5}$$

从式（8-5）可以看出，由于 $e > 0$，新平台对消费者的吸引力与平台相对优势和消费者周边供给方的相对数量成正比。提高平台服务的性价比和在竞争对手稀少的空间中增加布点都是提升新平台吸引力、增加其市场占有率的有效方法。

（三）供给方规模变动规律

根据 Zhu 和 Lansiti（2011）对平台供给方动态演化规律的假设，供给方总量的变化受平台消费者规模和平台运营成本的综合影响。具体表达式为：

$$\Delta d_{jt} = a \cdot \frac{b_{jt}}{F_{jt}} \tag{8-6}$$

其中：a 为调整系数，F_{jt} 为 t 期平台 j 的运营成本。

长期来看，成本是时间的减函数。假设新、旧平台运营成本具有相同的减速，并且由于新平台具有技术和管理优势其运营成本低于旧平台。那么有相对成本 $F = F_{It}/F_{Et}$，$F > 1$，且 F 是一个定值。从式（8-6）可以看出，外生变量平台运营成本（F_{jt}）的减小和内生变量消费者规模（b_{jt}）的增加都可以吸引更多的供应商加入平台 j。

此外，虽然交叉网络效应中用户锁定效应较强，但是考虑到消费者有重新选择平台的可能性，平台双边的用户规模除了受对方规模的激励正向增长之外，还有自然衰减的趋势。用 $\delta b \in (0, 1)$ 和 $\delta d \in (0, 1)$ 分别代表消费者规模和供给方规模的衰减速度。衰减速度与用户平台转换成本有关，转换成本越高，衰减速度 δb 和 δd 越小。新、旧平台消费者规模在 t 期的变动可表示为：

$$\dot{b}_{Et} = \Delta b_{Et} - \delta_b b_{Et} = M_t \cdot s_{Et} - \delta_b b_{Et} \tag{8-7}$$

$$\dot{b}_{It} = \Delta b_{It} - \delta_b b_{It} = M_t \cdot s_{It} - \delta_b b_{It} \tag{8-8}$$

其中：s_{jt}（$j \in \{I, E\}$）为每个新加入市场的消费者 i 选择新平台的概率平均值 $s_{jt} = \overline{s_{ijt}}$，$s_{ijt}$ 与 t 期平台供给方的空间网络结构有关。

新、旧平台供给方规模在 t 期的变动可表示为：

$$\dot{d}_{Et} = \Delta d_{Et} - \delta_d d_{Et} = a \cdot \frac{b_{Et}}{F_{Et}} - \delta_d d_{Et} \qquad (8-9)$$

$$\dot{d}_{It} = \Delta d_{It} - \delta_d d_{It} = a \cdot \frac{b_{It}}{F_{It}} - \delta_d d_{It} \qquad (8-10)$$

二、供给方空间网络演化机制

Zhu-Lansiti 模型虽然为供给方影响下的平台发展搭建了研究框架，但仍然属于宏观扩散模型。典型的标志是间接网络效应的变量为供给方总数，没有对供应点的个体差异性及其对消费者的影响强弱作区分。因此需要基于供给方的空间网络来分析交叉网络效应。

设计符合实际布点规律的平台供给方网络结构是本章研究需要解决的关键问题。供给方空间网络与消费者社会关系网络的区别主要有以下几点：（1）生成方式不同。消费者的社会关系网络先于平台存在，可认为是外生于系统的静态网络。供给方网络是伴随着平台扩散而逐步发展的动态网络。（2）网络性质不同。社会关系网络节点连接对应着真实的朋友关系。供给方之间以及供给方与需求方的连接更多的是概念上相互影响或相互吸引效果。（3）连边的影响因素不同。社会关系网络是抽象网络，节点连接与网络自身拓扑特征有关，不受时间、空间等外部环境因素的限制。例如，互联网社交网络的形成主要受到节点已有的连接数量（度值）的影响，即度值偏好连接机制。供应点大多是具有位置信息的，物理距离会限制网络连边。此外，地理位置的社会属性、经济属性也会影响供给方与消费者的连边。

（一）空间网络的位置信息及节点质量

此处利用复杂网络研究中的"引力模型"构建供给方空间网络。假设需求和供给的潜在节点为二维空间方格的格点，格点坐标即节点的空间位置信息。赋予每个潜在节点 w 一个外在经济属性得分，即节点质量 k_w。例如，在共享民宿平台中，该节点质量为民宿服务质量、所在位置繁荣程度和交通便利度的综合得分。根据人出行距离空间分布、人口规模空间分布服从幂律分布的实证发现（Barthélemy，2011），设定潜在节点 w 的质量 k_w 随机且服从幂律分布，其位置上的潜在消费需求规模 B_w 也为幂律分布的随机值。质量和需求规模具有一定的相关性。

为了简化模型，假设消费者之间没有网络连接，是按照一定分布规律散落在空间中的需求点。供给方彼此之间就是互补关系，没有竞争关系，空间范围内供给方越多消费者的效用越大。

（二）空间网络演化机制

在时刻 t 供给方的增量为 Δb_t，设定供给商 m 散落在未布点的潜在格点，布点位置与潜在格点的需求规模相关。周边的需求根据新布点供应商的几何距离和节点质量与该节点形成连接。根据引力模型，新节点 m 和已存在节点 n 之间建立新边的概率为：

$$\prod_{mn} \propto \frac{k_m^{\alpha} k_n^{\alpha}}{D_{mn}^{\gamma}} \qquad (8-11)$$

其中：D_{mn} 为两节点间的距离，α 和 γ 为调节空间网络对节点质量和对地理因素依赖程度的两个参数。

第四节　O2O 平台局部空间供需匹配仿真设计

本书主要讨论后进入市场的新平台如何借助供给方空间网络结构的影响在竞争过程中取得优势地位。因此，仿真过程之初假设新、

旧平台的质量之比 $Q>1$，旧平台与新平台的成本之比 $F>1$，新平台的初始用户规模处于劣势 $b_{E0}<b_{I0}$，$d_{E0}<d_{I0}$。仿真过程主要展现消费者和供给方个体如何通过一轮又一轮的最优策略选择和空间网络布点最终实现新平台取代旧平台，或新平台未突破锁定退出市场的市场竞争结果。

具体的仿真过程分为 4 个阶段：

（1）初始化阶段。对所有潜在节点的质量、需求规模进行随机赋值，并保证其服从幂律分布。根据潜在节点的需求规模，依概率地设定新、旧平台初始消费者 b_{E0}、b_{I0} 在空间网格上的位置。设定初始供给方 d_{E0}、d_{I0} 在空间网格中的位置与初始消费者相同，每个初始供给方的初始度值 R_0，节点之间的连边规则服从式（8-11）。对模型的其他参数进行赋值，赋值范围与变量说明如表 8.2 所示。

表 8.2 　　　　　　　　　　　**基础模型参数设置**

变量	意义	取值	
		平台 I	平台 E
e	间接网络效应强度	0.2	
Q	新、旧平台性价比之比	1.2	
F	旧、新平台的成本之比	1.2	
F_{I0}	平台初始成本	0.12	0.1
b_{I0}	平台初始消费者规模	20	10
d_{I0}	平台初始商家规模	20	10
a	商家增量的调整系数	0.05	
δb	平台消费者规模衰减速度	0.001	
δd	平台商家规模衰减速度	0.001	
M_t	每期新增消费者数量	10	
N	二维空间潜在节点量	10000	
R_0	空间网络新增商家的初始度值	2	

（2）设定每轮仿真新增定量的消费者 M_t，消费者依概率地分布在空间网格上。如果该格点存在新、旧平台的供给点，则消费者根据式（8-1）计算新、旧平台能为其带来的价值，并以式（8-3）计算出的概率 s_{iEt} 选择新平台，以式（8-4）计算出的概率 s_{ilt} 选择旧平台。在有新平台供给点无旧平台供给点的情况下，消费者直接选择新平台。如果该格点既无新平台又无旧平台供给点，则消费者不进行平台选择，不计入市场份额。

（3）根据式（8-7）和式（8-8）计算新、旧平台的最新市场份额，并根据式（8-6）计算该轮新、旧平台新增的供给方数量 Δd_{Et} 和 Δd_{It}。

（4）新、旧平台的新增供给方根据潜在节点的质量依概率地在空间网格上布点，供给方的初始度值 R_0，节点之间的连边规则服从公式（8-11）。根据公式（8-9）和式（8-10）计算新、旧平台的衰减供应点数量，删除空间网络中一些连边较少的供应点。更新新、旧平台的供给方网络指标将其作为下一轮消费者决策依据。

循环步骤（2）~（4）共计 1000 轮获得稳态后的市场份额结果。采用 Matlab R2011b 进行计算机建模，为了保证结果的可靠性，每种影响因素下的平台竞争扩散结果均取 100 次仿真的平均值。

第五节　仿真结果讨论与研究结论

在仿真过程中，首先设定新、旧平台的供给方布点服从相同网络类型讨论网络结构属性对平台竞争的影响，其次设定新、旧平台供给方服从不同的网络类型讨论具有竞争优势的最优网络类型策略。

图 8.1 是当连边机制——引力模型中节点质量参数 α 和节点距离

参数 γ 的取值不同时，空间网络呈现不同类型的网络结构。如图 8.1（a）所示，当节点距离参数 γ 很大，节点质量参数 α 很小甚至为 0 时，节点连边主要受到节点空间距离的限制，因此网络结构近似道路网；相反，当节点距离参数 γ 很小，节点质量参数 α 很大时，节点连边主要受节点质量影响，根据节点质量服从幂律分布的假设，空间网络的连边分布近似服从幂律分布，如图 8.1（d）中的所示。当 α 和 γ 的取值处于两种极端情况中间时，得到的空间网络结构兼有中心性和道路网两种特征，如图 8.1（b）和图 8.1（c）所示。

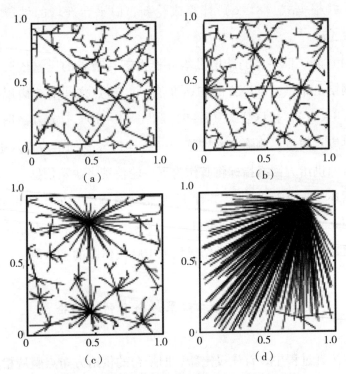

图 8.1　不同 α 和 γ 参数值下的空间网络结构

一、同类供给方空间网络类型的新、旧平台竞争结果

假设新、旧平台供给方的网络演化遵循 α，γ 取值相同的引力模

型，即图 8.1 中的某一网络类型。为了与已有的平台消费者网络研究成果进行对比，我们主要考察平台质量差异、供给方规模差异、间接网络效应强度对平台竞争结果的影响。

（一）新、旧产品的质量差异/互补品基础差异对平台竞争的影响

对于新平台来说，优势在于更高的运营服务质量和更低的服务成本。消费者效用函数表明服务质量越高消费者选择该平台的概率越大；同时，供给方动力学函数也显示成本越低平台对供给方的吸引力越大。所以，在其他初始值不变的情况下，考察不同的新旧平台质量比和成本比对竞争结果的影响。本书将 $Q = F$ 设置为 1.2，1.5，2，5，10。图 8.2 给出了间接网络效应强度 $e = 0.2$，b 型供给方网络中，不同 Q、F 取值下的新平台竞争扩散结果。与旧平台相比，新平台的质量优势越大，成本优势越大，新平台的市场份额越大，扩散效果最好。当间接网络效应 e 变大时，该规律不变。

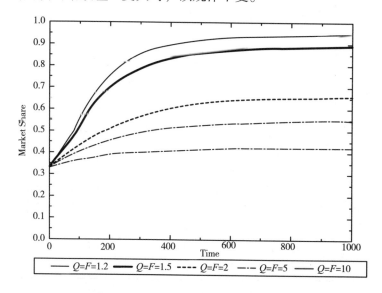

图 8.2　质量成本差异与新平台竞争扩散

旧平台的优势在于更大的用户规模。较大的用户规模增加了用户的平台使用价值，产生用户锁定，增加了新平台的竞争难度。因此，在其他参数不变的情况下，考察不同的新、旧平台初始供给方数量比对竞争结果的影响。图 8.3 给出了间接网络效应强度 $e = 0.2$，b 型供给方网络中，新平台的初始供给方数量固定 $d_{E0} = 10$，旧平台的初始供给方数量 d_{I0} 分别为 20，200，400，800，1600，3000 的新平台竞争扩散结果。旧平台与新平台的初始供给方差异越大，达到稳态后的新平台市场份额越小，扩散效果越差。但值得注意的是，即使新、旧平台的供给方数量差异继续增大，新平台的市场份额也不会下降到 0。这是由于在局部网络效应的作用下，消费者只注重周边地区的平台供给方分布情况。新平台虽然在供给方总量上处于绝对劣势，但

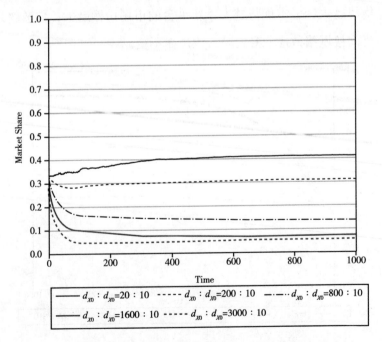

图 8.3　初始供给方数量差异与新平台竞争扩散

只要在局部地区集中布点使消费者满意，就可以获得一定数量的市场份额，不会被完全排挤出市场。综合图 8.2 和图 8.3 来看，仿真结果符合竞争扩散基本原理，模型具有合理性。

结论 1： 新平台的质量和成本优势越大，达到稳态后的市场份额越大；旧平台的初始供给方数量优势越大，新平台的市场份额越小。但由于局部网络效应存在，优势方无法将对手完全排挤出市场。

（二）网络效应强度和网络结构属性对平台竞争的影响

消费网络的研究表明，网络效应强度可以增强优势平台的扩散规模；消费者网络结构也对产品扩散有重要影响，在规则网络当中，平台扩散的效果较慢，在小世界网络中扩散效果最好。但在供给方空间网络中，我们发现新、旧平台的供给方服从同类网络的条件下，网络效应强度和网络结构对平台扩散的调节作用同时失效。

图 8.4 是保持模型其他参数不变，间接网络效应 e 取值在区间 $[0.1，100]$ 变化时的新平台市场份额，稳态后的新平台市场占有率一直在 0.35~0.45 波动，看似没有变动趋势。表 8.3 给出了其他参数相同，在其余三种网络类型中以及不同稀疏程度的网络中，不同网络效应强度下的新平台扩散结果。对表 8.3 中的市场份额数据进行的单因素方差分析可知，对所有的因变量而言，P 值都较大，在任何显著性水平上都无法拒绝原假设，即不同的空间供给方网络结构中不同间接网络效应 e 影响下的新平台扩散结果无显著性差异。可见网络效应强度对新平台竞争扩散结果无影响这一现象在不同的供给方空间网络类型中具有鲁棒性。

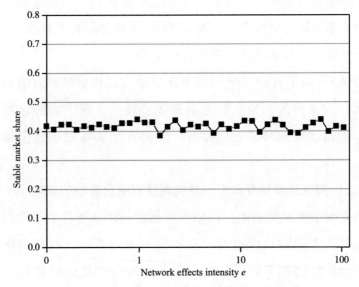

图8.4 不同间接网络效应下新平台扩散结果

表8.3　　不同网络结构中网络效应强度对应的新平台扩散结果

间接网络效应强度 e	基准模型 b 型网络	不同网络类型		
		a 型网络	c 型网络	d 型网络
0.2	0.42	0.45	0.45	0.42
0.4	0.42	0.41	0.41	0.43
0.8	0.41	0.41	0.41	0.40
1.6	0.42	0.44	0.40	0.40
3.2	0.43	0.43	0.40	0.40
6.4	0.43	0.43	0.44	0.44
12.8	0.40	0.44	0.41	0.43
25.6	0.40	0.43	0.43	0.43
51.2	0.44	0.42	0.42	0.43
102.4	0.39	0.40	0.41	0.43

这与传统研究社会关系网络上平台竞争扩散的结论不同。通过分析微观数据发现，网络效应不能发挥作用的原因在于新、旧平台的最终市场份额受两类布点的影响：第一类是只存在一种平台供给方的格点，消费者直接选择该平台，消费决策不受网络效应强度的影响；第二类是同时存在两种平台供给方的格点，消费者需要比较供给方网络结构带来的网络价值来选择平台，网络效应强度发挥作用。对于第一类布点，由于新、旧平台的供给方都在二维空间内随机布点，因此，哪个平台会吸引更多的消费者只取决于哪个平台的供给方规模更大。对于第二类布点，虽然网络效应强度是消费者效用函数的网络价值系数，但由于新、旧平台都依据相同的连边机制进行连边。在节点质量一致、节点距离随机同分布的情况下，该节点的平台供给方的连边数量也取决于这个平台在整个系统中供给方数量的多寡。总的来说，由于空间网络连边机制相同，两类供给方布点吸引消费者数量都取决于供给方规模，所以无论如何调整网络结构属性，网络效应强度对平台扩散结果都无显著改善。

结论 2：新、旧平台供给方服从同类网络的前提下，间接网络强度对新平台扩散结果的影响不存在显著差异。该结论对于不同的网络结构类型具有鲁棒性。

二、不同供给方空间网络类型的新、旧平台竞争结果

根据前面的分析，只有改变供给方空间网络的连边机制才能发挥局部网络结构对消费者的影响力。因此，假设新、旧平台的供给方布点服从不同的网络类型，比较不同网络类型平台的扩散效果以及新、旧平台供给方为不同类型网络时，间接网络效应强度对平台扩散结果的影响。

（一）不同网络类型的竞争结果比较

图 8.5 给出了保持其他参数不变，旧平台供给方网络服从图 8.1（b）型网络，新平台供给方网络分别服从图 8.1 中的（a）、（b）、（c）、（d）四种类型网络的新平台市场扩散结果。从稳态市场份额来看，网络类型从优到劣的分别是完全道路网、近似道路网、近似中心网络和完全中心网。表 8.3 给出了不同网络效应强度下，这四种网络下的新平台市场份额，可见间接网络效应强度可以加强网络类型的影响效果。

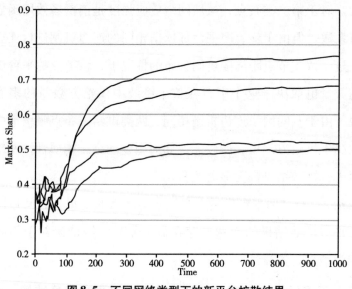

图 8.5　不同网络类型下的新平台扩散结果

这一发现与消费者网络研究中小世界网络扩散效果最好、规则网络扩散效果最差的结果正好相反。这是由于空间供给方网络中，消费需求受到空间位置限制。中心性网络中个别节点的度值再高也只能使周边区域的消费者满意，对其他地区的消费者影响较小。因而，当旧平台的中心性较强时，适当降低新平台的网络中心性程度，将网络连接较平均地散布到其他地区的供给节点上，这样一来，虽然损失几个质量高的节点的需求，但吸引了大部分低质量节点地区的需求。

表8.4　新、旧平台不同网络类型前提下的网络效应强度对新平台扩散影响

间接网络效应强度	旧平台近似中心网络			
	新平台为路网	新平台近似路网	新平台近似中心网	新平台为中心网
$e = 0.2$	0.55	0.55	0.54	0.53
$e = 10$	0.76	0.68	0.52	0.50

注：必须是稠密网，才能有差别。设置 $M = 10$，$potential\_node = 2500$，$nA0 = 200$，$nB0 = 100$，$bA0 = 20$，$bB0 = 10$，$e = 0.2$，$e = 10$，$round = 1000$。

结论3：供给方网络类型的优劣排名为：完全道路网 > 近似道路网 > 近似中心网络 > 完全中心网。

（二）网络效应强度的影响

图8.6分别给出了当新平台供给方网络属于近似路网、旧平台近似中心网络，以及新平台供给方网络为近似中心网、旧平台为近似路网两种情况下，间接网络效应强度 e 取值在区间 [0.1，100] 变化时的新平台市场份额。网络效应强度是一把双刃剑，当新平台相对旧平台是优势网络类型时，网络效应越强越有利于新平台扩散，反之当新平台是劣势网络类型时，网络效应越强反而不利于新平台扩散。

结论4：网络效应强度可以调节网络类型对新平台扩散的影响效果。当新平台相对旧平台为优势网络类型时，网络效应越强越有利于新平台扩散；当新平台为劣势网络类型时，网络效应越强反而不利于新平台扩散。

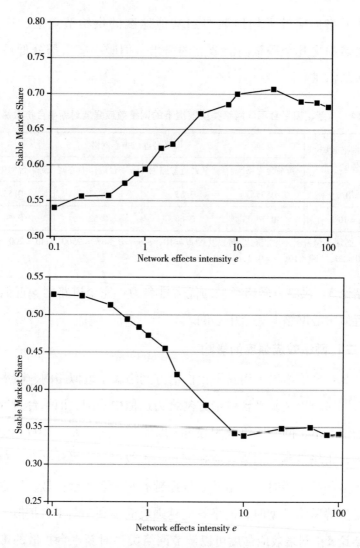

图 8.6　新平台分别为优势网和劣势网前提下的网络效应强度影响

注：旧产品 A 的网络 *Alf* = 1，*lmd* = 1（近似中心网）；新产品 B 的网络 *Alf* = 1，*lmd* = 2（近似路网）。旧产品 A 的网络 *Alf* = 1，*lmd* = 2（近似路网），新产品 B 的网络 *Alf* = 1，*lmd* = 1（近似中心网）（参数：*M* = 10，*potential_node* = 2500，多种 *e* 值的图形［0.1，0.2，0.4，0.6，0.8，1，1.5，2，4，8，10，25，50，75，100］，*nA0* = 200，*nB0* = 100，*bA0* = 20，*bB0* = 10，*round* = 1000。每个点仿真 100 次取平均值）。

第六节　O2O 平台局部空间供需匹配研究的管理启示

本书将平台资源供给方的空间网络演化规则加入交叉网络效应的研究框架，构造了竞争性平台扩散模型。着重分析了网络类型、网络结构属性以及间接网络效应强度等影响因素，并得出如下主要结论：

（1）新平台的质量优势、成本优势越大，有利于其自身的扩散；旧平台的用户基础优势越大，会抑制新平台的扩散。但由于局部网络效应存在，优势平台无法将对手完全排挤出市场。

（2）资源供给方的网络类型是网络效应是否发挥作用的重要前提。如果两竞争平台的供给方服从同类网络，那么网络效应和网络结构属性对平台扩散的影响失灵。

（3）两竞争平台供给方的网络类型差异较大时，网络效应会产生作用。但其作用性质会受到网络类型的影响。当新平台为优势网络类型时，网络效应对平台扩散的影响为正，反之影响为负。

（4）对平台扩散有利的网络类型排名为：完全道路网 > 近似道路网 > 近似中心网络 > 完全中心网。

对平台型企业来说，不仅要关注资源供给方规模，更要充分重视其空间分布以及空间中供给方与需求方的匹配对平台发展的作用。尤其要重视空间网络类型的重要性。在个人用户网络的研究中，由于大量工作证实社交网络服从小世界网络，因此，用户网络类型对平台发展的影响较小。但供给方网络伴随着平台发展而发展壮大，其空间布局受平台调控，因此供给方网络类型的选择对平台发展具有很现实的研究意义。本章通过对动态演化空间网络的研究发现了与用户网络完全不同的结论，即去中心化的供给方空间网络更适合平台发展。在供给和需求需要局部匹配的平台运营中，由于地理位置的限制，真正有能力影响所有需求点的中心性节点不存在。相对于中心化程度高的网络，去中心网络结构能够在绝大部分低度值节点区域中更好地服务周边区域的需求点，因此有利于平台取得最优的市场份额。为目前网络服务行业提倡的"去中心化"发展原则提供了学理性支持。

本书的结论还打破了网络效应的正反馈作用不断加速优势平台发展的简单认识。发现平台的供给方空间网络类型是确定网络效应是否发挥作用及其作用性质的重要前提。对于间接网络效应较强的自助银行（Automatic Teller Machine）、连锁超市、维修售后服务等行业，平台型企业需要比较竞争对手和自身的供给方布局情况，合理预判网络效应对现有市场份额优势的影响性质，规避风险（Srinivasan，Lilien，Rangaswamy，2004）。当平台连接的供给方网络布局处于劣势时，不要盲目地宣传供给方重要性，增强消费者对间接网络效应的预期。在全行业的强网络效应影响无法削减的情况下，竞争平台可以以相同空间网络类型策略进行供给方的空间布局调整，例如，肯德基和麦当劳的阵地防御型门店选址策略。

对于平台整个生命周期而言，在新平台发展的初期，要重视局部网络效应的作用，在竞争对手稀少的局部空间中通过增加供给方布点提升新平台的吸引力，锁定市场份额；在平台规模形成气候后，要坚持以"去中心化"原则进行供给方在空间位置上的布局。鉴于问题的复杂性，本章的模型还存在一定局限，没有考虑稀疏、稠密网络条件下的平台竞争扩散的差异，以及平台有意识调整、撤销布点的竞争扩散情况，值得未来进一步深入研究。

第九章 平台自有商家网络案例解析：共享汽车平台

第一节 共享汽车商业模式概述

在互联网涌动大潮下，据报道有多达上百家 O2O 企业开展共享汽车。人们的出行习惯已经在滴滴、Uber 等互联网公司的引导下发生改变，伴随着半自动和全自动驾驶技术的突飞猛进，共享汽车成为汽车行业的一个热议话题，人们正在憧憬共享汽车将会带来的幸福场景。电动汽车共享模式在近些年才在世界多地出现，运营规模从数十到数千辆级不等，被认为是降低城市汽车保有量、减少交通拥堵和城市污染的有效手段。同时，电动汽车共享汽车模式利用智能化互联网平台进行车辆监控、调配、计费，是建设智能交通体系和智慧城市的强有力支撑。在不久的将来，汽车会更理解人类、更加友好，会方便到"招之即来、挥之即去"。汽车产业快速发展带来的高排放、高拥堵、停车难和养车贵等棘手问题，很有可能随着共享汽车模式的发展迎刃而解。

作为代表性的 O2O 租赁平台，汽车共享由来已久。早在 1948 年，在瑞士苏黎世就诞生了第一个汽车共享项目——Sefage。最初形式是车主将私家车拿出来供社区邻居使用，从而分担私家车的购置及保养维护成本，后来逐步演化到由运营公司开展运营。项目探索通过共享模式满足人们的出行需求，同时避免拥有汽车所产生的负担，如购置、维修保养和税收保险等费用。共享出行的价值理念在瑞士生根发芽，并在 20 世纪 80 年代慢慢形成了两个比较大的组织 Car Sharing Cooperative ATG 和 Share Com。这两大组织在 1997 年，合并成 Mobility CarSharing Switzerland，截至 2014 年，其已经拥有 2700 余辆汽车，服务 500 个城镇，用户 12.03 万人。

20 世纪 90 年代，共享汽车模式在欧洲有了新的拓展，还被推广应用到美国、加拿大、亚洲等地区。在向公众宣传时，有的企业这样向公众解释共享理念，"你要喝一杯牛奶，需要养一头牛吗?"一些汽车共享项目被公众熟知（见表 9.1）。

表 9.1 汽车共享的早期项目

年份	国家	项目名称	运营概况
1987	瑞士	Mobility CarSharing Switzerland	1200 辆车，800 个租赁网点，服务 300 个社区，26800 个用户
1988	德国	Stadtauto Drive	300 辆车，用户 7000 人，服务柏林和汉堡 2 个城市
1997	法国	Praxitele	50 辆电动汽车，11 个租赁网点，1999 年停止运营
1997	日本、新加坡	Car Coop	采用三菱、梅赛德斯多车型运营，定位豪华车租赁
1998	美国	CarLink	12 个 Honda 天然气汽车，服务北加州地区
1999	美国	Intellishare	15 个 Honda 电动汽车，只供白天使用，服务于南加州地区加州大学河滨分校的学生、教师和职工
1998 1999	英国、美国、加拿大等	Campus Car Zipcar	服务于克兰菲尔德大学，从美国坎布里奇市拓展到全美、加拿大、英国等地到 2015 年全球拥有 70 万个用户

当美国人 Robin Chase 听到朋友在德国使用共享车辆时，她内心深处的创业梦想找到了起点，她与创业伙伴于 1999 年在马萨诸塞州坎布里奇市开启了带有互联网理念的共享汽车项目——Zipcar。Zipcar 希望让租车能够像 ATM 取款一样方便，用车人随时可以在几秒时间内完成预约、开车等活动。为了让共享汽车简单易行，Zipcar 开发了面向消费者的应用网站，管理车辆和服务用户的后台业务，以及协助用户开关车门、驾驶车辆的车内硬件系统（见图 9.1）。

Register with provider

Find & Reserve car

Open & Start the car with customer card

Chariging（refueling），cleaning，service，etc. through provider

Park in defined area

Drive & Pay per minute

图 9.1　共享汽车业务系统示意

Zipcar 在 2013 年被 Avis 汽车租赁公司收购时，汽车规模达到上万辆，会员达到 76 万人。随着 Autolib、Car2go、DriveNow 等共享汽车项目的启动和发展，这一商业模式比以往更加清晰。"共享汽车"租车服务是一种一辆汽车可以让多人使用的环保型社会生活方式，租用方式是以小时或分钟结算租车时间、随取即用租车，是一种新型的城市公共交通解决方式。共享汽车在国外也称汽车共享服务，现阶段主要有两种运营方式。

一种是基于站点模式。用户在固定站点提取和归还车辆：A 取 A 还；A 取 B 还；A 取 X 还。其特点是 ABX 网点具有固定充电设施的智能车位。典型案例有：Autolib、Quicar、Green wheels。

另一种是自由流动模式。用户可以在一定区域内任意地点提取和归还车辆，不设置任何固定站点。其特点是只有单程租车，不涉及往返。典型案例有：Car2go 和 Drive now。

第二节 Autolib 平台简介

Autolib 是由巴黎市政府推动，并由 Bolloré 集团负责运营的一个电动汽车共享汽车项目，也是巴黎市政府在 2007 年推动的自行车租赁项目 Velib 上的一次升级创新。项目由巴黎市政府于 2008 年 12 月提出并公开招标，Bolloré 以能提供全方位的服务并保证低价租赁中标该项目，并于 2011 年 12 月 5 日正式投入运营。截至 2017 年，Autolib 项目已有 4000 辆电动车在运营。在寸土寸金的巴黎街头，市政府为其专门设立了停车 + 充电站点，如表 9.2 所示巴黎市区已拥有 6200 个充电站点，运营站点超过了 1100 个，注册用户达到 32 万人，每个站点距离为 500 米左右。

表 9.2　　　　　　　　　**Autolib 共享汽车项目运营情况**

序号	指标名称	具体运营情况
1	运营车辆规模	4000 辆
2	充电站点	6200 个
3	运营站点	超过 1100 个
4	注册用户	32 万人

　　Autolib 项目希望服务于巴黎市区居民的日常出行服务，目标群体主要是有短时出行需求的市区居民。Autolib 采用的 Bluecar 车型是一款纯电动汽车，车辆由 Bolloré 集团与电池制造商合作开发，雷诺公司代工生产。车型长 3.65 米，四人座，充满电后可使车辆在市区内行驶 250 千米。

　　充电设施由 Bolloré 自己提供，除了为 Bluecar 提供充电服务，还可以兼容其他品牌的电动汽车。一般每个租赁站点有 5～7 个充电停车位，其中有一个是专门为社会车辆提供充电服务的。

　　Autolib 开发的 ICT 系统为用户提供了预约车辆、预约停车位、了解周围站点情况、网上注册会员以及查找充电站点等服务。共享汽车使用者可以通过网络或街边服务亭注册会员，随后可以从任一站点提车，到任一站点还车。

　　用户可以注册不同等级会员，对应缴纳一定的会员费。会员费包括了一定的电费、保险、维修和保养以及停车费等，此外，车辆具体使用过程中还要按时间收取一定的使用费。例如，1 年期会员每年缴纳 144 欧元会员费，此后按每 30 分钟计费 5 欧元。

　　除 Autolib 项目外，Bolloré 从 2012 年 10 月开始面向个人提供车辆的月租服务，每辆车的月租费用为 500 欧元，该价格包括了保险、停车以及在 Autolib 充电站点充电的费用。另外，该集团从 2013 年 2 月开始零售 Bluecar，零售的 Bluecar 只需要每个月缴纳 15 欧元，就可以利用 Autolib 的充电网络进行充电。

　　从 2014 年公司报表看，该项目运营开始有一定的利润空间。项目每年的运营成本大概在 8000 万～10000 万欧元，但 2014 年净利润仅有 1.09 万欧元。2018 年 6 月，在预测未来持续亏损后，巴黎和部分当地地方政府取消了与 Autolib 运营商 Bolloré 的合同。

第三节 Car2go 与 DriveNow 平台简介

一、Car2go：争做全球共享汽车领导者

2008 年 10 月，Car2go 的业务雏形在德国乌尔姆市发布，并在戴姆勒公司内部员工中试用。随后项目在德国多个城市开展，并逐步扩展到欧洲、北美等地区，2015 年底进入中国。截至 2015 年 3 月，Car2go 拥有 1.3 万辆汽车，在 8 个国家的 29 个城市开展了汽车共享业务，消费用户超过 100 万人；截至 2016 年 10 月，Car2go 拥有 1.49 万辆汽车，在 8 个国家的 32 个城市开展了汽车共享业务，消费用户超过 200 万人。

Car2go 目标消费群体为备受城市交通困扰的人们，以及低收入但有用车需求的城市居民。项目为用户提供一种两座 Smart Fortwo 汽车。该种车型体积小，驾驶灵活，拥堵时也能通过。

Car2go 消费者可以选择按分钟、按小时或按天收费，不需要额外支付燃料（汽油或电）、保险、维修保养和停车等费用。以柏林为例，服务计费标准为 0.29 欧元/分钟，停车时按 0.19 欧元/分钟，中途加油则可享受一定时间的免费驾驶时间。与 Autolib 用户相比，Car2go 用户的固定年费相对较少。

相对于传统租赁企业，Car2go 服务系统的优越之处在于：一是取还车更加自由。用户无需到租车公司的汽车集散点去还车，在任何与目的地周围的 Car2go 定制车位或符合 Car2go 停车条件的车位都可以停车离去。二是不需要建立运营站，只需要停车位，这大大降低了成本。

采用 Smart 小型车是 Car2go 项目的一个重要优势。小型车意味着更小的停车空间，更多的停车选择。虽然汽车共享业务推行之初，消

费者觉得两座汽车没有四座汽车实用，更青睐 Zipcar 租车，但还车时却发现 Zipcar 很难像 Car2go 一样任意停车，其实和固定营业点还车一样麻烦。

纯电动的 Smart Fortwo 车也加入 Car2go 网络。电动车的加入为 Car2go 带来了许多好处。首先，电动汽车零排放、加速快的特点有利于在消费者心中树立 Car2go 新技术更环保的品牌形象，也更容易获得政府的支持，当 2014 年纯电动汽车被引入美国圣地亚哥市 Car2go 系统时，采用的宣传口号是"我们是城市环境的保护者"。其次，电动车较低的燃料费也会降低租车的成本，而且，Car2go 系统犹如一个电动车的体验平台，有利于电动车的市场推广，汽车分享服务必将促进消费者对电动汽车的使用率。总的来说，电动汽车引入汽车共享服务系统是一个相互受益的过程。

Car2go 项目在一个城市提供的车辆数在 200～600 辆，最大的车队也仅有 1200 辆。为了保证汽车的流动性，Car2go 服务通常覆盖范围有限。以美国奥斯汀市为例，以 350 辆 Smart 组成的车队只能提供东从湖区，西到大学校园，南从南国会，北到海德公园这一区域的服务。

经过几年发展，Car2go 在应用规模和项目收益上都有较好的表现。以西雅图为例，Car2go 进驻该市的两年时间里，350 辆汽车的服务系统已经成功地吸引了 5.9 万个用户，约占全市人口（64 万人）的 9%。

目前 Car2go 商业模式的拓展面临的主要问题是怎样尽可能地增加 Car2go 服务系统的覆盖面积，同时保证项目的盈利性。与此相关，项目所选停车场要求与现有公共交通系统能较为方便地连接，但需要解决便利性与增加停车场成本的矛盾。

二、DriveNow：智能化出行典范

DriveNow 是一个 BMW 集团和 Sixt AG 公司联合推出的创新汽车

共享项目，于 2011 年 4 月起在德国的慕尼黑和柏林开始推行。Drive-Now 项目致力于填补城市公共交通的空白，为市民出行提供更多便利。

DriveNow 此后拓展到德国的另外 3 个城市——杜塞尔多夫、科隆和汉堡，并已成为德国最大的汽车共享汽车公司。其海外业务也拓展到了美国旧金山、奥地利维也纳等城市。

DriveNow 主要提供 BMW 和 MINI 两个品牌的汽车，DriveNow 非常强调为用户提供一种高品质的出行服务。此外，DriveNow 目标客户还主要定位于比较活跃的年轻群体。DriveNow 管理人员经常说的一句话就是"购车用户平均在他们 45 岁左右会开始购买我们的（BMW）汽车，但汽车共享用户的平均年纪只有 32 岁"。

DriveNow 项目定价与 Car2go 相近，29 欧元的注册费，租用费用为每分钟 0.29 欧元（含税），每小时 14.9 欧元，停车每分钟收费 0.1 欧元。在伦敦，由于这一价格比当地的出租车还要便宜，吸引了很多用户。

DriveNow 项目与 BMW i 旗下的 ParkNow 和 ChargeNow 相互借力。通过 ParkNow 用户可以搜索整个城市的停车位置信息，可以提前预订停车位，并作为目的地为用户导航。该服务使消费者消除了找车位的烦恼，使停车收费变得简单易行。使用 ChargeNow 可以快速搜索到公用充电设施，ChargeNow 卡可以完成支付。

短短 5 年间，DriveNow 的用户量在德国超越了 Car2go，成为德国最大的汽车共享公司。到 2015 年底，DriveNow 在世界范围内拥有了超过 33 万用户，并且运营着大约 2400 辆 BMW 和 MINI 品牌的优质汽车。根据 Wiki 数据显示，2015 年 9 月，DriveNow 在世界 5 个国家运营 4000 多辆车，再加上 2015 年 10 月在 Stockhlm 和 2016 年在布鲁塞尔新开的两个点，运营数量为 4600 多辆，用户超过 50 万人。DriveNow 的目标是到 2020 年在世界范围内实现用户数量超过 100 万人。

表 9.3 给出了三种共享汽车项目的定价、布点及关键资源获取能力情况的对比。

表 9.3　　　　　　　三种共享汽车运营状况对比分析

项目名称	定价	布点	关键资源获取能力		
Autolib	1 年期会员每年缴纳 144 欧元会员费，此后按每 30 分钟计费 5 欧元	2016 年，该项目在巴黎已有 1000 租赁站点和 4000 辆电动车。分布在巴黎市区和巴黎周边地区	（1）一体化管控力	（2）公共政策支持	（3）规模化运营
			Bolloré 拥有先进的电池技术，可以独立设计电动汽车，为项目提供了充电设施和系统平台的建设	政府补贴 3500 万欧元用于站点建设，而且在土地使用政策方面进行扶持，积极促进该项目租赁网络的形成	电动车车辆规模全球领先，站点间距 400～500 米，消费者在步行 6～8 分钟的范围内找到租赁站点
Car2go	Car2go 收费（含税）价目包括：注册费 35 美元；每分钟费用 0.41 美元；每小时费用 14.99 美元；每天费用 84.99 美元	主要在大中城市开展，集中在该城市的中心地区。在规划的车位上，任意还车	（1）Fortwo 车型的优势	（2）公共政策支持	（3）停车方便
			Benz Smart Fortwo 车型体积小，驾驶灵活，拥堵时也能通过	政府为租车公司提供的"超级停车许可证"，相当于待租用的汽车在任何市属车位中无限时停车的费用	支持在所在站点任意还车的方式
DriveNow	29 欧元的注册费，租用费用为每分钟 0.29 欧元（含税），每小时 14.9 欧元，停车每分钟收费 0.1 欧元	在城中心的某个固定范围内进行，未来会将业务服务区域拓展到城市周边的工业园区，并在某些机场设置营运站	（1）相对高端的汽车资源	（2）公共政策支持	（3）智能化互联服务
			DriveNow 提供了 BMW 及 MINI 两个品牌的汽车。所有汽车均为四人座汽车，顶级配置并配备了高效的发动机	与 Car2go 类似，会向当地政府购买一个"超级停车许可证"，目前"超级停车许可证"仍是这一商业模式顺利运行的基本保障	与 BMW i 旗下的 ParkNow 和 ChargeNow 相互借力共同发展。重视与移动网络平台的合作

三、国外汽车租赁 O2O 项目的经验启示

共享汽车在交通、环保等方面体现的优势，使其在国外开始被纳入城市公共交通系统。西雅图市长 Michael B 认为，有了共享汽车，再结合出租车、巴士、公用自行车，我们的城市居民不用私家车也可以想去哪儿就去哪儿。德国巴登符腾堡州州长 Winfried Kretschmann 认为，共享汽车系统是保证其城市交通系统稳健发展的重要组成部分，整个共享汽车系统可以展示作为汽车工业核心的巴登符腾堡州如何利用尖端科技和移动互联技术同步发展经济并保护环境，这必将成为一个典范。

政府对共享汽车支持的重点是开放特许停车位和优惠的停车价格。巴黎市政府为 Autolib 提供了大量的停车资源，Car2go 和 DriveNow 项目从项目所在城市获得了"超级停车许可证"。充分的停车位资源、超级许可证是共享汽车商业模式顺利运行的基本保障。

从国外共享汽车的发展轨迹来看，共享汽车在欧洲已经有了超过半个世纪的历史，汽车分享方式早已根植于用户的消费理念中。人们不再追求"拥有一辆私人汽车作为交通工具"。在我国，共享汽车更多还是私家车群体解决用车需求的一种暂时过渡，因此，政府和企业应该在培育和引导市场、让消费者逐渐喜爱汽车共享上多努力。

Autolib、Car2go 和 DriveNow 三个共享汽车项目结合市场需求，在产品和服务系统设计上科学定位，目前都进入正轨，处于良性发展过程。Autolib 首先实现了在一个城市中纯电动汽车的规模化运营，Car2go 和 DriveNow 虽然单个城市规模并不大，但都精准地选择了共享汽车的用户需求，通过在城市中心区域覆盖，产品选型、服务定价的有效组合，实现了盈利。

从三个项目运营看，A2B、A2X 租还方式是共享汽车未来发展的主要方向。国外共享汽车的营运结果表明，A2A 租车方式中的业务多数来自休闲和家庭购物需求。A2B、A2X 租车方式使用车需求实现了多样化的发展，极大地增加了通勤、出差、旅游等出行的使用量。当前国内共享汽车企业很多以 A2A 模式为主，还无法真正实现共享汽车系统作为"公共交通系统的有效补充"的目标。

第四节　宝驾出行平台简介

国内共享汽车先行者宝驾出行的创始人李如彬说："绿狗租车、友友租车这些企业很像连锁酒店，他们有自己的预订系统。宝驾租车更像携程，用户从宝驾的平台上也可以预订他们。这样并不冲突，而是双赢，因为共享汽车分销商可以增加客源和出租率，宝驾能满足用户需求"。

一、李如彬和他的"宝驾"

初创企业，创业者就是企业的灵魂。李如彬作为学大教育的联合创始人、董事长，在互联网行业具有较高的地位，宝驾租车是李如彬的二次创业。从互联网教育到移动端互联网租车，李如彬是成功跨界的代表人物。

虽然领域不同，相同的是把众多线下生意和互联网结合在一起。初次创业时，李如彬想到的是把平时兼职做的家教互联网化，创立了学大教育；二次创业，李如彬同样从喜欢的车出发，做汽车网络共享。李如彬在采访中谈道"我要是碰到没见过的车，一定会去看看是什么牌子。所有的车，我基本上都有了解，包括小面包，我都很在意，很 care。"李如彬有自己的高档车租赁公司。正是这家小公司激发了李如彬的创业灵感，他思考："如果天天都租出去，两年就可以回本。但是你很难做到每天都出租，因为供永远大于求；要是能做到这样就好了。"从熟悉的点出发，为其注入互联网基因，就是跨界的优势。

敢于跨界来自对不同行业通透的理解。学大教育的成功来自从家教中介平台化转型为直聘教师做教育培训平台，从线上到线下，从 C2C 到 B2C。宝驾租车 P2P 平台就是线上线下模式，这正是李如彬最擅长的方面。宝驾租车做的共享汽车项目，也在一定程度进行着从 C2C 中介平台到 B2C 直营平台的转型。同时，宝驾租车还逐步地进入了汽车信用平台、二手车交易等领域，逐渐搭建起汽车共享生态系统的各个群落。

当有了跨界的基因和运营经验，需要做的就是选择一个有前景的模式。2013 年，李如彬团队看到了美国的 P2P 租车模式，认为可以借鉴。越来越多的城市私家车限号、限行，导致租车的需求增加。P2P 租车是一种更轻、更适合移动互联网的租车方式。车主们在平台上发布车辆出租信息，有租车需求的用户浏览、预订合适的车辆，双方在约定的地点交车。

2014 年 3 月，宝驾（北京）信息技术有限公司成立，两个月后宝驾租车平台上线，专注移动端。这是一个值得信赖的自驾汽车租赁社区，在这里，人们可以通过网站或手机发布、挖掘和预订全国各地的独特车源。通过互联网，帮助人们更好地分享和分配闲置汽车资源，无论用户的预算是多少，无论用户想去中国的哪个角落，都能在宝驾找到最独一无二的当地驾行。

二、在行业交融的风潮浪头

李如彬选择汽车共享不是偶然，更深层面的原因来自汽车共享背后的四大行业不断发展，彼此之间融合的意愿和条件已日臻成熟。汽车共享是技术驱动下行业融合形成的创新商业模式。

（一）传统汽车行业

目前除了发展中国家还有一些迅速增长的汽车需求之外，在发达国家将汽车作为必须累积的固定资产的需求正在减少。是否一定要拥有汽车作为代步工具的问题逐渐浮现出来。Cetelem 近期对欧洲 10 国的 6000 位汽车用户进行调研，其中 36% 的用户表明他们有意愿放弃私人汽车转为租车代步。2009 年德国联邦汽车运输管理局进行的调研显示，德国 18～29 岁年龄段的新车消费者比例比 10 年前减少了近一半。由于环境保护的宣传、经济水平的提高、价值观的转变，年轻一代消费者对拥有一辆汽车的兴趣正在逐渐淡薄。

与之相反的是，一种共享、拼车的消费观念正在逐渐兴起。购买汽车的观念也逐渐被驾车服务取代。驾车服务不仅有花费少等财务上的优势，还通常和年轻人熟悉的移动互联联系紧密。经常使用移动互联网的年轻人，对用智能手机操作的汽车共享服务可谓驾轻就熟。因此，专家预计在未来的 20 年里，传统的汽车交易市场将无法吸引年轻的购买力，年轻人不再追求"拥有一辆私人汽车作为交通工具"。

正是这些环境因素的改变，使未来汽车行业的主流可能被"汽车短租""共享"，或其他一些全新的商业模式取代。汽车产业快速发展带来的高排放、高拥堵、停车难和养车贵等棘手问题，很有可能随着全新商业模式的发展迎刃而解。

对于现在的汽车制造巨头来说，关注这些环境的改变，顺势发展全新的商业模式是非常关键的战略选择。

（二）互联网行业

P2P 租车的爆发不仅源于传统汽车企业的转型需求，更是源于互联网巨头的判断。在移动互联时代，移动支付业务将是巨大的利润来源。移动支付的普及依赖 O2O，而用车服务是目前最成熟的 O2O 模式。

移动终端 App 软件使得用户可以随时随地利用互联网搜索汽车、预订服务、自助支付。通过手机，用户还可以远程了解每辆汽车的油量或电量，消费者可以根据出行目的自由选择合适自己的汽车。多样化的选择、低廉的使用成本、个性化服务正是互联网用户最钟爱的服务特色。

但是 O2O 模式用来服务的创新很多，如何创造赢利的商业模式、完善运营体系及流程、规避政策、法律和社会风险，仍然极具考验。58 同城创始人姚劲波说，P2P 租车需要很强的线下操作，全国各地都需要有点，运营很复杂。

（三）新技术颠覆租车行业

P2P 租车的核心是剥离了车的负累，不必像传统租车公司那样承受高企的资产负债率，因而平台更轻，更具活力。但是这一类创新严重依赖车联网技术、车载智能硬件的成熟和个人信用体系的高效运作。P2P 汽车租赁为用户提供的是一种便捷的出行服务，要想取得消费者的认可，就必须做到出行便捷、收费合理。具体来讲，就是既要消除消费者对安全的担忧，简化租赁和归还流程，又要根据所在城市特点及消费者的出行特点设计合理的收费方式。

1948 年第一个汽车共享系统——Sefage，在瑞士苏黎世出现，以高端居民社区的主妇之间共享私家汽车的方式运营。但是要做到面向公众的汽车共享，需要在驾驶里程计数、租借钥匙、还车等环节实现充分的去人工化。20 世纪 90 年代德国和瑞士的共享汽车组织 CSO_s（European Carsharing Organizations）开始开发能够支持共享汽车运营的自动化技术。

目前，借助已有技术宝驾租车会员可以通过租车平台的网站和手机客户端，随时搜索附近的车辆，并通过手机完成鸣笛寻车、开锁等操作，用比市场低 30% 的价格不出社区就能租到更加满意的车型，完全实现了自助式汽车租赁。为了让 P2P 汽车租赁简单易行，宝驾租车还拥有面向消费者的应用网站，管理车辆和服务用户的后台业务，以及协助用户开关车门、驾驶车辆的车内硬件系统（见图 9.2）。

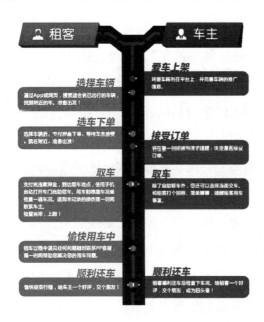

图 9.2　P2P 租车业务流程

（四）共享经济的价值蓄水池

"分享经济"概念是在 2008 年金融危机后在美国兴起的，最初被应用于房屋租赁，后来扩展至汽车租赁。其实 RelayRides、Wheelz 这样的私车分享服务早已有之，更有发扬光大者如 GetAround。在向公众宣传时，有的企业这样向公众解释共享理念，"你要喝一杯牛奶，需要养一头牛吗？"

但国内的汽车分享消费氛围尚未形成。一般来说，共享汽车的基础需突破两个心理屏障：一是说服消费者享受出行之乐不必自购车辆，这一点诸如神州租车这样的先驱已经进行了多年的市场教育；二是告诉车主闲置车辆不是负担而是摇钱树，这就是汽车行业的 Airbnb。

一旦突破这两个障碍，我国的汽车分享市场将非常可观。根据分享经济理论，1 辆"共享汽车"，能够解决 10 个人以上的出行需求。这个数字让人十分兴奋，并促使宝驾把目标市场定位为直辖市和省会城市。这些城市的交通状况都非常恶劣，私家车也很多。P2P 租车能够解决这个矛盾。

从结果导向来说，汽车共享模式保证了汽车依然作为消费者从 A 地到 B 地的主要出行工具。汽车行业的主导地位没有被动摇，反而得到了加强。同时，作为共享经济的主要应用，汽车共享不仅提升了汽车的利用率还节约了停车占地。通过汽车的使用权共享，消费者不需要花费大价钱获得其所有权，也可以享用驾车服务本身带来的价值，是一种多方共赢的创新商业模式。

三、宝驾租车的创建

2014 年 3 月 31 日，宝驾租车公司成立，5 月中旬推出了 Android

版，6 月 1 日 ios 版进驻苹果 App Store 应用商店。截至 2015 年 3 月，宝驾租车已有注册用户 200 万人，平台有 10 万辆车，约 7000 多种车型可租，覆盖各个直辖市和省会城市。每年大约带来 20 多亿元的收入，1 亿多元的净利润。

共享租车可以最大限度地开发出私家车的价值，使社会、车主和租车各方受益。我国人口多，人均社会资源非常有限，尤其是北京、上海、广州、深圳、杭州在内的一、二线城市，汽车保有量不断增加导致交通日益拥堵、环境恶化。而宝驾租车的"汽车共享模式"则提供了一种全新的解决方案。

"汽车共享"意味着拥有一辆私家车的车主可以依靠爱车多挣一份外快。李如彬已经为"车东"们算好了账："一辆 30 万元价位的车，每年保险几千到 1 万元，再加上停车费、保养费等，只需要一年租出去 20 多天，就可以把这些成本赚回来。"

而需要用车的用户又可以有更丰富的选择。无论是日常出行需要的经济型高尔夫、宝来或者科鲁兹；或是自驾游时更为合适的别克 Encore 或本田 CR-V。用户可以租赁不止一台车，只需要去选择喜欢的车。与神州租车等传统租车相比，宝驾租车更美妙的地方在于，车就在用户的小区，价格比普通租车便宜近半，而车主也会成为用户的朋友。宝驾租车让租车变得轻松简单，就好像在用自己的车一样。

宝驾租车平台既有针对消费者的 C2C 业务，平台只负责撮合交易，并从租金中抽取 10% ~ 30% 的服务费，不会自购车辆出租，也不会提供代驾服务。也有针对其他租车企业的 B2B2C 业务，指企业作为平台为多家租车企业提供共享平台，引流租赁用户，同时在一定程度丰富了平台中的车辆资源。

无论是 C2C 还是 B2B2C 业务都属于轻资产运营，对企业资金链的要求较低。搭载先进的车辆控制技术，保障了 P2P 租车的运营成本较低。以前学大教育每扩展一个城市，常常需要 1000 人的团队；而宝驾租车只需要十几人。

在初创的两年中，宝驾全心地投入到该业务模式的贯通和计费系统开发工作。完成了从 0 到 1 阶段，布局完善，运营经验丰富。目前，宝驾租车平台上每天有几十个新增订单，月现金流接近 100 万元。

四、完善汽车共享生态体系

宝驾租车是一种典型的互联网模式，其最大特点是模式本身不断的进化。根据现实情况不断的试错，进行迭代优化。行业的痛点是什么，宝驾就去补足它。

目前 P2P 租车商业模式的发展局限来自两方面：一是很多消费者不认可 P2P 租车这种业务模式，认为是不安全，甚至不合法的，宝驾需要进一步的推广宣传和市场培育；二是轻资产模式虽然对企业资金链的要求较低，但是其缺点是车辆来源不稳定，难以提供标准化服务，更难获得消费者的长期信赖。

针对这两方面问题，宝驾进行了两次较大的业务调整，分别成立了"车立信"和"宝驾悦行共享汽车"两个品牌。

（一）车立信——打造租车征信体系

1. 缺乏信用平台是租赁行业面临的痛点。由于我国征信体系的不完善及租车业务的标准化要求，使得 P2P 模式在运营过程中逐渐暴露出一系列的问题，如车辆供需不匹配问题、风控问题等，影响着企业的持续发展。从 2014 年初至 2016 年初的两年里，全国各汽车租赁公司累计发生租车诈骗 3000 余起，被骗车辆 2000 余辆，直接导致各租车公司累计损失金额达 4 亿余元。虽然央行已初步建立了以个人征信系统为标志的居民个人信用体系，但这一系统目前仍然存在覆盖面较窄、数据采集不完善、尚未与公安部门等其他社会管理机构或政府部门联网等缺陷，对租车人的信用信息无法进行综合的评估。

缺乏信用平台使得租赁公司难以对租车人的身份资料、租车记录以及犯罪记录等诚信信息进行查询以预防租车风险，是租赁行业面临的痛点和难点。汽车租赁行业缺乏客户信用数据，没有完善的信用体系的支持。因此在经营过程中，汽车租赁经营者与客户之间存在比较严重的信息不对称，导致汽车租赁行业的风险控制与防范能力大大下降。

2. 车立信发展历程。为了更好发展汽车共享业务，宝驾租车牵头筹建首个全国性汽车租赁诚信信息咨询服务平台"车立信"，平台建设进程如表9.4所示。

表9.4 车立信平台建设进程

时间	车立信建设进程
2015 年 5 月 12 日	正式筹备组建全国汽车租赁征信平台项目组
2015 年 5 月 16 日	正式启动设计开发工作
2015 年 7 月 15 日	中国"互联网+"汽车租赁暨信用体系建设研讨会
2015 年 8 月 31 日	车立信一期规划完成，实现多项信息查询
2016 年 2 月	宝驾独资成立车立信（北京）科技有限公司
2017 年 12 月	车立信二期规划完成，完善现有系统数据源

2015 年 6 月 18 日，在中国道路运输协会的指导下，宝驾（北京）信息技术有限公司与合作伙伴企业在北京联合发起成立了征驰联信（北京）科技有限公司，开始筹建汽车租赁行业公共征信平台。

2015 年 9 月 30 日，车立信一期规划基本完成，实现身份证核验、驾驶证核验、行业黑名单查询、综合黑名单查询、信用卡查询、信贷违约查询、个人评分查询、犯罪记录查询、违章查询、车辆协查以及一键综合查询等功能。二期规划内容包括完善现有系统数据源、介入高法和共享汽车企业不诚信人员数据，整合系统资源和研发个人信用报告模型。

车立信基于历史数据建立风险特征数据模型，运用多渠道信息资源和大数据挖掘技术进行多维度信息查询与比对，建立起个人信用消费特征及消费画像，通过云数据处理分析比对，迅速识别潜在的信用风险。

3. 车立信运营模式。车立信平台系统的运营主要模式是：政府支持、协会协调、第三方经营、市场化运作。如图9.3所示，车立信平台整合政府部门、行业协会、租赁企业以及车立信平台的利益，实现共建共享。一方面该平台需要与政府部门、征信机构建立信息接口，为汽车租赁企业审核承租人信用提供权威真实的相关信息；另一方面平台还联系各汽车租赁企业，通过一定措施，鼓励企业提供历史的相关黑名单和不良租车人信息数据，实现不同租赁企业的信息互联互通。

主要伙伴	关键业务	价值主张	顾客关系	顾客细分
行业协会 政府 金融机构	信息查询 用户画像	公共征信服务 平台	共建共享	租赁企业
	资源能力 互联网技术 熟知租赁业务	解决征信机制 不全问题	**渠道** 互联网网站	二手车行业 抵押贷款行业
成本 开发维护、人力资源 数据获取、用户奖励			**收入** 查询收费、衍生业务	

图9.3 车立信运营模式

车立信平台不仅会为宝驾的发展保驾护航，也为整个行业发展提供了支持。但是车立信的运营还需要各方面数据的接口，需要获得包括租赁企业、政府监管机构、公安系统、交通系统等各方面的支持。

（二）共享汽车——打造短租的标准化大军

共享汽车是指由租赁公司开展运营，个人随时取用共享汽车来满足短途驾车出行的汽车分享业务。共享汽车公司拥有汽车，承担着汽车维修保养、保险和税收，并经营着一定规模的租赁网络。消费者不再支付汽车的固定成本，只支付行驶产生的变动成本。共享汽车是一种标准化程度强，并且本身具备智能化、便捷化、环保性、自主性等优点的汽车共享模式。

共享汽车的原理很简单：消费者使用共享汽车系统时，首先通过手机 App、网站或拨打用户中心电话查找附近的空车。可以提前 30 分钟预订，也可以直接使用周边的可用空车。共享汽车主要有两种运营方式：A2A 和 A2B。A2A 要求返回原租赁点还车；A2B 方式到达目的地后，可以将共享汽车停在目的地周边的指定停车位，还车后刷卡自助结算费用。

宝驾租车的共享汽车业务于 2015 年 12 月正式上线，运营的车型包含北汽新能源、东风日产、华晨汽车等新能源汽车品牌，并与绿狗租车、宜维租车等预订系统实现互联。除北京地区外，重庆知豆和海南小二租车也被列入宝驾共享汽车业务范围。

1. 为什么要做共享汽车？宝驾的 P2P 业务一直受车源供给少、标准化服务难等问题的困扰。共享汽车属于 B2C 模式，指的是企业从整车企业或汽车经销商购买或租赁车辆，面向个人用户提供汽车租赁服务。虽然 B2C 模式属于重资产模式，对企业资金链要求较高，其优点是车辆来源稳定、可控，车辆管理标准化。

共享汽车模式比 P2P 模式有更多优势：（1）车辆供给丰富，整车企业纷纷进入新能源汽车市场；（2）购车指标多，尤其是在像北京这样严格限购的城市，共享汽车更具优势；（3）充电网点的布局，充电越来越方便；（4）租车体验更好，共享汽车具有全程无人值守、智能化、自助化特点。

同时，为了促进中国新能源汽车产业进一步发展，缓解城市交通拥堵及环境压力，我国对新能源汽车的共享汽车业务采取支持政策。公车改革也为共享汽车提供了非常好的发展机会。共享汽车公司可以通过平台化运营，为政府搭建出行服务的竞价平台，政府只需审查通过租赁公司的资质就可以。从 2015 年开始，共享汽车市场逐渐火热，众多不同领域的竞争企业纷纷布局。

2. 如何与已有共享汽车做区分？不同行业的公司都在做共享汽车，包括主机厂商、汽车销售商、传统租车公司、新型的互联网创业公司。但是他们全部是垂直运营，自己购置车辆或者租赁车辆，赚取租车的毛利。

虽然专家、政府、社会资本等都看好共享汽车的未来发展，但目前的共享汽车行业也存在着自己的痛点：一是共享汽车企业目前规模普遍较小，难以满足社会化、网络化运营；二是充电服务难以保证，经常出现无桩可充、桩被占用等问题；三是车辆质量问题较多，维修时间长，且存在丢失风险等问题。

宝驾希望做垂直运营商的分销商，在宝驾的平台上帮助他们分销订单，宝驾的用户可以订他们的车。但由于目前新能源汽车共享汽车还很难实现盈利，宝驾给租赁企业设定的平台服务费比例不超过车辆租赁服务费用的 5%。宝驾租车在燃油车共享汽车上也进行了积极探索，发现燃油车共享汽车能够实现盈利。因此在其平台上，同时运营燃油车辆和电动车辆。

宝驾不做垂直运营，核心还是平台业务。宝驾的定位就是行业整合的推动者，通过第三方平台，推动目前正处于发展阶段的小型新能源汽车共享汽车公司形成联盟，通过共用充电桩以及停车位，减少企业投入，让小企业"抱团取暖"。例如，宝驾将绿狗租车的车辆以及位置信息导入到宝驾租车的平台上，对新能源汽车有租赁需求的用户直接在宝驾平台上便可以进行车辆预约和租赁。而在绿狗租车平台上对传统燃油车租赁有需求的用户，则会被导流到宝驾租车的平台上。宝驾不涉及绿狗租车方面的具体运营，只提供需求信息，继续做共享汽车信息提供商。未来，宝驾租车还将在其他省市开展新能源车共享汽车业务，做法也同样是通过与当地大企业进行合作，为他们提供租车信息。

（三）打造全生态系统

车立信和宝驾悦行的推广，可以窥见宝驾人耐心地教育行业市场的决心。此外，宝驾租车还划分了不同的应用场景，希望能把各种应用场景的体验做得更好。用车场景方面包括企业用车、个性化用车、个人长期用车、以租代购，其中，企业用车，含企业高官配车、商务接待等。目前，宝驾租车业务不仅涵盖了 P2P 共享租车、B2B/B2C 共享汽车，还包括长租软件系统、试驾版块等。

在打造整个汽车共享生态系统的过程中，宝驾的核心能力和服务主要体现在专业化的平台化运营。宝驾的平台上有不同的公司，包括租赁公司、充电桩运营商等，宝驾通过大数据计算与处理能力，服务于平台上的参与者。"车立信"等风险控制手段能够将风险控制到 3‰ 以内。

在具体执行方面，宝驾租车正在研发一种安装成本更低、管理更方便的智能硬件，体现出宝驾租车平台的服务价值。

五、宝驾租车的成功经验

（一）共享发展的优势

随着共享经济理念的深入，移动互联网的普及、车联网技术的逐步成熟及车载智能硬件的发展，共享经济将激发巨大的利润池。相对于 P2P 租车，目前的共享汽车能有更好的新能源汽车红利，并与无人驾驶技术结合。但无论宝驾公司的主营业务从 P2P 租车到共享汽车怎样转变，始终在汽车共享领域深耕。

宝驾始终坚信汽车共享的需求不会变，个人购车越少的趋势不会变。以前人们将汽车作为私有财产，希望拥有汽车。未来租车方式会更加丰富，用车更加方便，不需要再买车。汽车不再是资产，汽车就是工具。

（二）坚持只做交易平台

宝驾开始经营的 P2P 业务就定位于汽车共享交易平台，现在的共享汽车业务也坚持只做共享汽车运营的第四方平台。始终定位于线上租车交易平台，是市场的工具，是预订和交易的平台。

宝驾出行第四方平台有两层含义：一是将第三方平台进行互联互通；二是帮助运营商构建共享汽车业务，助推行业的前进，为行业提供解决方案。比如为共享汽车的运营商提供技术解决方案，帮助第三方平台搭建共享汽车业务；帮助公车改革用车搭建共享汽车平台，或者提供一个共享汽车监管平台。

只做交易平台对企业发展的好处包括：其一，轻资产运营。轻资产对企业资金链的要求较低，运营风险小；轻资产的运营成本较低，有利于企业迅速扩大规模，其二，规避竞争。共享汽车行业的竞争激烈，主机厂商、汽车销售商、传统租车公司、新型的互联网创业公司等各行业的资本都在角逐这块市场，只做运营商的引流平台有效地避免了与运营商的正面竞争。其三，多业务交易平台容易形成网络效应。网络效应是平台经济最重要的特征，平台的用户规模越大，业务种类越多，其平台价值越大，网络效应也就越明显。宝驾平台目前的车立信、P2P 租车、共享汽车和试驾等业务已经形成了网络效应爆发之势。

（三）全生态经营模式

汽车共享租车市场已经进入高速发展期，形成了成熟的商业模式，并不断挖掘用户需求，拓展更多细分的服务场景。目前宝驾正在进行的汽车共享及汽车租赁的业务有很多，比如 P2P 租车、店面租车、送车上门的租车、共享汽车、宝驾豪车、年租宝、拼驾、试驾等。P2P 租车是个性化的租车，车型丰富，可以提前预订；店面租车虽然要去店里取车，但是只要有车就能租到；拼驾是指我们过年回家的时候，上下班的时候可以一起拼车；还有试驾，用户掌握方向盘，所以也是一种租车的形式。

强大的商业生态体系可以不断演化出新的商业场景，这些场景带来很多应用的可能。例如，我们都知道手机的语音搜索的使用习惯还没有养成，但如果淘宝来做语音搜索，在其生态系统中就可以创造巨大的价值。淘宝开发了天猫魔盒之类的遥控器，但使用遥控器输入汉字其实很麻烦，这类硬件就更适合用语音输入。汽车也是一个很大的语音搜索应用场景，因为开车时驾驶员的手离不开方向盘，所以可以将语音搜索功能应用进去。因此，利用商业生态系统来创造价值是一个不断累积的过程。长远来看，商业生态系统一定是企业长期价值的源泉。

国外的汽车共享领域不乏商业系统为企业创造价值，应对竞争的案例。例如，BMW 公司的共享汽车项目 DriveNow 的竞争力就体现在与 BMW i 旗下的 ParkNow、ChargeNow 相互借力共同发展，通过综合提升平台的使用价值，增加顾客黏性。

一旦平台形成规模后，汽车租赁行业的影响力也会提升。在美国，每年有 1/3 的新车为租车公司消化，后者对上游产业链的反哺能力很强，相应的议价能力也很强。主机厂对以约定价格回购租车公司淘汰车辆早就习以为常。例如，Hertz 大约 70% 的旧车会由福特、通用等厂商回购，只有 30% 进入二手车市场。

综上所述，宝驾的坚持和变革经验值得汽车共享行业的参与者借鉴。但共享经济时代是一次商业的大变革，未来之路充满机会，也充满挑战。做汽车共享平台，想让消费者加入，需要投入更多的教育成本。租车领域的业务都比较低频，也需要通过多样化的、丰富的产品形式来满足不同消费者的需求。只有不断挖掘消费者的用车需求，不断补足行业短板，不断提供多样化的汽车租赁产品，才能创造更大的价值，才能在商业变革中找到立足之地。

第五节　共享汽车平台的启示

国内外的共享汽车项目的案例表明，O2O 平台发展的重要议题是租赁点网络的覆盖问题。覆盖问题具有特殊性，也更具有难度，其背后有两个原因。

原因一，O2O 平台服务的需求特征决定了资源供给在空间上要满足便利性要求。

Cummins 和 Beyer 对 O2O 平台消费影响因素的调研发现，消费者选择是否采用该 O2O 平台服务的"底线（Bottom line）"只有一条，即便利性（Carlier，Tschirhart，Silva，2015）。Fournier 等在研究汽车共享消费行为也发现，用户所珍视的经验中最重要的一点就是可获得性。他们甚至不考虑共享服务的使用环境和社交功能，能用就是一切（Fournier，Eckhardt，Bardhi，2013）。

与传统的电子商务平台不同，很多 O2O 平台服务的享用受空间位置约束，服务便利性具有空间属性。根据 Lovelock 的研究，服务可以分为有形服务和无形服务（Lovelock，2011）。无形服务平台较少，例如，话费共享平台、MOOC 教育共享平台等。对于有形服务来说，生产与消费同时进行，顾客是整个过程的参与者。它要求资源的供给必须在空间位置上与对应的需求相匹配。我们常见的 O2O 平台多属于这种类型。例如，Uber 租车、民宿共享、蜂巢办公空间共享、共享汽车、共享自行车等共享服务需要消费者亲临现场体验；烹饪共享等服务，它们的品质随着等待时间会迅速下降；商务礼服共享、宠物共享等服务，消费者只支付了使用权，没支付所有权，所以没有耐心等待太久。这些有形共享服务的便利性与空间位置上的供、需匹配密切相关。一定空间范围内，商家和消费者相互激发的现象被称为局部网络效应。局部网络效应被称为网络效应的"反作用力"，会影响平台启动阈值，抑制平台的快速增长趋势。因此，发展 O2O 共享经济平台需要重视共享资源供给的空间分布。

目前，O2O 共享平台的商家空间布点策略比较混乱。例如，北京地区汽车共享平台的租赁点分布就呈现完全不同的网络结构。例如，1 度用车目前采用均匀布点策略，而拥有同等市场份额的友友用车的租车网络带有明显的中心性特征，其租车网点主要集中在中关村、上地、国贸、金融街等商业中心。商家空间布局混乱会降低平台运行效率、制约平台发展。2015 年 8 月，汽车共享 Car2go 在美国哥伦布市宣布进行租车网络的调整，关闭一部分服务区域，重新规划另一部分区域并进行布点。浪费了两年的市场开拓成本，并损失了部分忠诚顾客（Rouan，2015）。

原因二，O2O 共享汽车平台属于重资产经营，成本压力要求平台要快速突破启动阈值，形成网络效应的正反馈。

重资产运营是指平台自购共享资源并负责运营。重资产经营对平台的资金链要求较高，运营成本高，但其优点是共享资源的来源稳定、可控，管理标准化程度高。P2P 共享平台属于轻资产运营，因为吸引更多供给个体的边际成本非常小，所以不存在空间上共享资源不便利的问题；但目前自建车队的共享汽车平台的共享资源归平台所有，所有共享商家统一运营，资源供给商数量也相对较少。

总的来说，O2O 共享汽车平台发展初期商家少并要求空间供需匹配，那么平台启动阶段如何布点？或者说先满足哪些空间位置上的用户便利性对平台的发展最有利？是 O2O 共享汽车平台发展的关键问题。

进一步来讲，供需双方的交叉网络效应是平台发展的主要机制。交叉网络效应使平台的供需双方规模会互相促进，形成系统内生的自激励效果迅速扩散。但这种正反馈的发生一定要突破一定的规模，否则供需双方互相看空对方的发展前景，也会形成负反馈，抑制平台的发展。在 O2O 共享汽车平台启动阶段，虽然供给点数量较少，但如何通过调整其在空间上的布局，促使平台尽快突破临界值，形成供需双方的正反馈机制是以后共享汽车发展的研究方向。

第十章 共享汽车平台商家网络
影响消费行为的实证

第一节 共享汽车商家网络影响消费行为实证分析概述

下面主要通过对深圳共享电动汽车运营平台的用户满意度的调研和分析来研究共享汽车商家网络对用户消费行为的影响。

用户使用满意度评价包括：（1）出行规律、用车习惯等；（2）对租赁车辆动力性、可靠性等方面的评价；（3）约车、用车、还车过程中各项服务的评价。

对深圳共享电动汽车运营平台的用户满意度的调研，采用主观评价的方式。主观评价主要是采取问卷调查的方式，测量和收集电动汽车共享汽车用户的电动汽车使用行为和习惯，以及对部分用户的深度访谈，研究框架如图10.1所示。

对于用户使用共享汽车系统经济性、运营和布点便利性分析借鉴现有学者对公共租赁自行车满意度研究的调研问卷，并结合共享汽车用户需求特点和使用行为特点进行改进，具体见附录的调查问卷。

• 用户经济性客观分析（主观满意度见调查问卷）

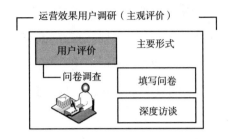

图 10.1　深圳共享电动汽车运营平台的用户满意度研究框架

●节省的成本：共享汽车每公里成本 & 出租车每公里成本 & 拥有车辆每公里成本

●共享汽车成本 = 共享汽车价格 ×（出现时间 + 出行距离）

●出租车成本 = 出租车价格 ×（出现时间 + 出行距离）

●拥有车辆每公里成本 =（每年车辆折旧 + 维修保养 + 保险 + 税收 + 其他）/ 每年平均行驶里程

李克特量表是属评分加总式量表最常用的一种，属同一构念的这些项目是用加总方式来计分，单独或个别项目是无意义的。它是由美国社会心理学家李克特于 1932 年在原有的总加量表基础上改进而成的。该量表由一组选项组成，每一选项有"非常同意""同意""不一定""不同意""非常不同意"五种回答，分别记为 5、4、3、2、1，每个被调查者的态度总分就是他对各道题的回答所得分数的加总，这一总分可说明他的态度强弱或他在这一量表上的不同状态。李克特量表的优势是可以用来测量多维度的复杂概念或态度，使用范围广，比同样长度的量表具有更高的信度。

第二节　共享汽车消费满意度指标的选择和设计

将深圳电动汽车共享汽车运营效果的用户满意度测评体系分为三个

层次：第一层次指标为用户满意度；第二层次为影响用户满意度的 5 个相关潜变量指标，包括用户感知经济性、布点的感知便利性、运营服务的感知便利性、共享汽车的感知优越性、用户满意度和忠诚度；第三层次是测量第二层次各指标的显变量指标，包括对共享汽车性能的感知优越性、价格满意程度、共享汽车手机 App 系统、车辆操作系统等满意度、顾客的总体期望等 27 个指标，用户满意度指标体系框架如表 10.1 所示。

表 10.1　　　　　　　　　　用户满意度指标体系框架

二级指标（潜变量）	三级指标（观测变量）
用户感知经济性	押金满意程度
	价格满意程度
	多次租车车费优惠
	与出租车的比较
	与长租车的比较
布点的感知便利性	租车点的便利性
	还车点的便利性
	与交通枢纽的衔接便利性
	租赁点距离
	租赁点搜寻便利性
运营服务的感知便利性	申请加入便捷性
	手机 App 易用程度
	手机 App 信息准确程度
	自助租、还车系统操作方便程度
	电动汽车驾驶难易程度
	站点整洁美观
	电动汽车干净卫生
	服务系统反应速度
	服务系统解决问题专业性
	平台服务信息的更新速度

续表

二级指标（潜变量）	三级指标（观测变量）
共享汽车的感知优越性	可靠性
	舒适性
	动力性能
	噪声
	故障频率
用户满意度和忠诚度	总体满意度
	推荐共享汽车的可能性

对于消费者的决策使用影响因素的调查，主要采用了 5 分 Likert 量表，即从"完全不符合"到"完全符合"5 种程度，目的在于更准确地调查到消费者的决策动机，除此之外，我们还设计了单选题、多选题和填空题，以便从多种角度观察消费者的动机及需要。在问卷设问的过程中，除了设置正向的问题，还设置了相应的反向问题以确保问卷调查的准确性与消费者选择的客观性。此外，问卷的设问方法主要参考了 Pieper 和 Woisetschläger 的研究模型与理论框架指标体系中观测变量的构成。

第一，用户感知经济性。经济和成本因素是用户决策的主要因素之一，国外多篇文献的共享汽车用户决策分析把经济因素放在首位。德国的 Pieper 和 Woisetschläger（2014）对共享汽车的经济因素是这样解释的：对于那些不是每天出行而且短途出行的用户来讲，共享汽车与私家车相比更有价格优势，如果消费者能感知到这种成本的节约，那么他们对于企业的态度就越好，即租金越少，消费者的使用频率越高，满意度越高。感知经济性包括顾客对共享汽车的押金、价格、车费优惠的预期以及相较于出租车、长租车的价格优惠程度的感知。

第二，布点的感知便利性。Stephen M. Zoepf 和 David R. Keith

（2016）在对美国的共享汽车用户进行的分析中得出站点距离与用户使用频率呈反比的结论。Pieper 和 Woisetschläger（2014）在对汽车共享用户行为的调查中，使用了"基础设施因素"作为参照变量，包括共享汽车与其他交通方式的连通性、到站点的距离以及与公共交通的连通性，这些参照变量的影响在数据分析中十分显著，表明消费者对于便利性有强烈的期望。此外，除了租赁点，还车点的分布密度也影响了共享汽车使用的便利性。即当需要还车时，用户能不能及时找到有空位的还车点。

第三，运营服务的感知便利性。感知便利性包括运营服务系统与租赁点布局两个方面。便利性对于消费者决策的影响程度非常大，它与经济因素一样可以促进用户对共享汽车服务运营商的好感度。运营服务系统的便利性有很多方面，不仅包括用户在使用时搜索的信息是否准确、能否节省时间，收费标准和应用软件操作是否容易理解，还包括共享汽车出现故障时的服务系统评价。我们根据服务平台型企业的 ServQual 模型（Ali and Raza，2015），设计运营服务的感知便利性包括申请加入便捷性，手机 App 易用程度，App 信息准确程度，自助租、还车系统操作方便程度，电动汽车驾驶难易程度，站点整洁美观，电动汽车干净卫生，服务系统反应速度，服务系统解决问题专业性，平台服务信息的更新速度等方面。

第四，共享汽车的感知优越性。包括对共享汽车项目采用的产品——纯电动汽车总体感知质量的测量。感知质量包括对车辆的可靠性、舒适性、动力性能、噪声和故障等方面的问项，部分问项参考 Litman（2000）的 Evaluating Carsharing Benefits 一文给出的量表进行设计。纯电动车的可靠性是用户对共享汽车的纯电动车驾驶体验电池续航里程等满意程度的评价。舒适性是用户对电动车座椅、车辆减震、操控系统、内饰等方面的总体感知。噪声大小是针对纯电动车噪声小的优越性的感知情况。动力性能是针对纯电动车启动快、最高行驶速度等性能的综合评价。故障发生频率的感知反映了用户对共享汽车的安全性、稳定性的感知，同时反映了用户对共享汽车的信任程度。该指标可以很好地反映该电动车产品本身对于共享汽车项目形象的影响。

第五，用户满意度和忠诚度。在本章的指标体系中用户总体满意度具体设置为两个方面：总体满意度和推荐共享汽车的可能性。这两个问项可以综合考察满意度在不同时态下的水平。其中推荐该共享汽车项目的可能性与忠诚度有关。用户忠诚指的是用户在接受过共享汽车服务的基础上，对纯电动车和共享汽车服务表现感到较为满意度后，推荐朋友或者家人选择该服务的行为。

在上述五项指标中，前四项（用户感知经济性、布点的感知便利性、运营服务的感知便利性、共享汽车的感知优越性）为自变量指标，后一项（用户满意度和忠诚度）为因变量指标。

第三节　商家网络影响消费行为实证数据分析

一、实证样本的收集和数据基本情况

本章的数据来源于现场访谈和网络调查问卷相结合的方式，对深圳市共享汽车项目的用户满意度测评的样本进行采集，共发放了500份问卷，其中回收462份有效问卷。本次调查问卷采取了五级李克特量表的形式，满意度调查问卷的题目均为 1~5 分的打分题，运用 SPSS 软件对调查数据进行处理。

本次调查中，收集到的男性样本约为女性样本的两倍（62.5%：

37.5%），这与男性开车比例高于女性有关。有超过九成的样本年龄是在 18～35 岁，可见深圳市共享汽车调查的共享汽车使用用户呈现年轻化的特点。在文化程度上，高中及以下的样本占比不足两成，大专、本科以上的被调查者占比接近 80%，可见使用共享汽车的调查对象有一大部分是高学历人群。在是否拥有私家车的情况调查中，目前使用共享汽车的用户绝大多数还是无车人群，占比达 66%。家庭收入方面，有 67% 的用户人群集中在月收入 5000～15000 元的水平上，可见深圳市的共享汽车项目的实施过程中较大程度上解决了中低收入、无车群体的用车需求。

家庭人数、职业分布的差异相对来说没有上述几个样本特征的大，分布相对均匀。

二、用户经济性

从表 10.2 给出的用户经济性指标满意度结果来看，与出租车比较、与长租车比较问项的得分相对较高，分别为 3.96 和 4.05。这说明用户认为共享汽车与其他租车方式相比有价格上的优势。但对于价格、优惠和押金仍有更高的期望。进一步对结果进行分析，近 25% 的调查用户对现有的车费优惠活动是不满意的。图 10.2 是用户经济性各个选项的具体分布情况。

表 10.2   用户经济性指标满意度

二级指标（潜变量）	三级指标（观测变量）	均值	总体得分
用户感知经济性	押金满意程度	3.73	3.80
	价格满意程度	3.57	
	多次租车车费优惠	3.67	
	与出租车的比较	3.96	
	与长租车的比较	4.05	

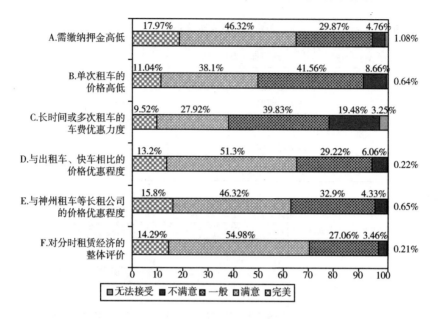

图10.2　用户经济性问项调研结果

三、布点便利性

从表10.3给出的布点便利性指标满意度结果来看，布点便利性的总体得分不高，仅为3.51。其中，仅有租赁点搜寻便利性问项的得分较高，为3.88，搜寻便利性与运营服务密切相关。而其他问项，包括租车、还车的便利性，与交通枢纽的衔接，租赁点的距离均得分较低。并由于租车点的问项中包含了租赁点数量的信息，这个问项用户最不满意。进一步对结果进行分析超过40%的调查用户认为租赁点很少，不容易找到租赁点。这说明用户认为目前深圳市的共享汽车布点的密度和广度不足，是影响满意度的主要问题。图10.3是布点便利性各个选项的具体分布情况。

表 10.3　　　　　　　　　　　　布点便利性指标满意度

二级指标（潜变量）	三级指标（观测变量）	均值	总体得分
布点的感知便利性	租车点的便利性	3.22	3.51
	还车点的便利性	3.45	
	与交通枢纽的衔接便利性	3.49	
	租赁点距离	3.52	
	租赁点搜寻便利性	3.88	

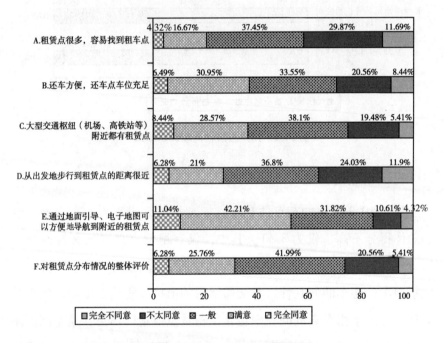

图 10.3　布点便利性问项调研结果

四、运营服务便利性

从表 10.4 给出的运营服务便利性指标满意度结果来看，运营服务便利性的总体得分较高，为 3.87。尤其是关于电动汽车干净卫生程度的问项得分最高，为 4.11，说明共享汽车的日常维护方面得到了被调查用户的肯定。虽然大部分问项得分均较高，但有两个问项值得关注：一是服务系统反应速度的问项得分相对较低，仅为 3.67；二是平台服务信息的更新速度问项也得分较低，为 3.75。未来共享汽车公司在和用户进行信息沟通的过程中，需要提高反应速度并加强主动性。图 10.4 是运营服务便利性各个选项的具体分布情况。从各问项的回答情况来看，满意的群体均达到半数以上。

表 10.4 运营服务便利性指标满意度

二级指标（潜变量）	三级指标（观测变量）	均值	总体得分
运营服务的感知便利性	申请加入便捷性	3.84	3.87
	手机 App 易用程度	3.98	
	手机 App 信息准确程度	3.94	
	自助租、还车系统操作方便程度	3.84	
	电动汽车驾驶难易程度	3.79	
	站点整洁美观	3.92	
	电动汽车干净卫生	4.11	
	服务系统反应速度	3.67	
	服务系统解决问题专业性	3.84	
	平台服务信息的更新速度	3.75	

五、共享汽车的优越性

从表 10.5 给出的共享汽车的优越性指标满意度结果来看，共享汽车优越性的总体得分可以接受，为 3.84。电动汽车启动快等动力性能的优越性得到了肯定，问项得分为 4.19。但是故障发生的频率高问项、纯电动车的可靠性问项得分较低，纯电动汽车用户普遍存在里程焦虑和充电问题，这说明共享汽车采用的纯电动汽车本身

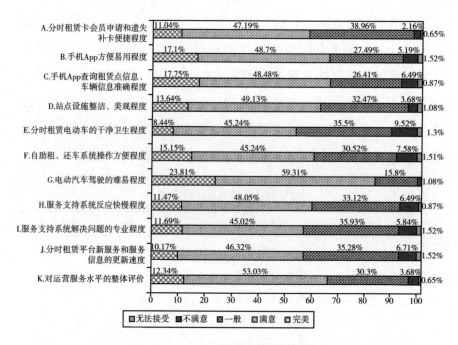

图 10.4 运营服务便利性问项调研结果

的可靠性和稳定性仍是目前共享汽车用户顾虑的主要问题。图 10.5 是共享汽车的优越性各个选项的具体分布情况。各问项选择了满意的群体也达到半数以上。

表 10.5 **共享汽车的优越性指标满意度**

二级指标（潜变量）	三级指标（观测变量）	均值	总体得分
共享汽车的感知优越性	可靠性	3.59	3.84
	舒适性	3.86	
	动力性能	4.19	
	噪声	3.91	
	故障频率	3.65	

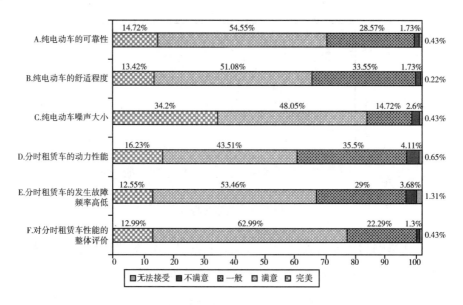

图 10.5 共享汽车的优越性问项调研结果

六、用户满意度综合评价结果

从表 10.6 得出用户满意度综合评价指标满意度的总体得分为
3.93，略大于各项满意度指标的综合得分。这很可能是由于新能源汽
车的政策推广力度、环保属性，以及对新事物的开放和包容态度等其
他外部因素影响了用户对现有共享汽车项目的整体评价。消费者依
然非常看好共享汽车项目，尤其是在推荐意愿的调研中可以发现，有
95% 的被调研用户有意愿将共享汽车向朋友或家人进行推荐。

表 10.6　　　　　　　用户满意度综合评价指标满意度

二级指标（潜变量）	三级指标（观测变量）	均值	总体得分
用户满意度和忠诚度	总体满意度	3.90	3.93
	推荐共享汽车的可能性	3.96	

共享汽车消费满意度二级指标的得分情况如图 10.6 所示。

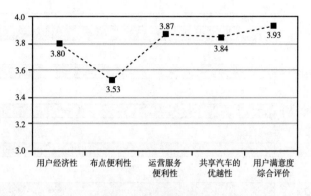

图 10.6　满意度得分

　　在影响满意度的其他四个方面，目前共享汽车的运营服务体系、共享汽车电动车的性能以及共享汽车的定价策略等方面的用户评价相对较好，只有租赁点布局的用户评价相对较低。下面我们利用回归分析来检验，租赁点的布局因素是否会严重影响用户的满意度。

第四节　商家网络影响消费行为实证研究的管理启示

　　共享汽车的用户满意度在运营服务体系、共享汽车电动车的性能以及共享汽车的经济性等方面都获得了相对较高的用户评价，租赁点布局因素的满意度得分较低，而租赁点布局因素对总体满意度的影响较显著。根据用户调研结果，目前深圳市的共享汽车点还存在着总体数量较少、不容易找到租车点、还车点等方面的问题，影响了用户的总体满意度。

一、制约因素

　　虽然深圳市的共享汽车企业发展环境较好，但是共享汽车企业仍面临着盈亏平衡和网点布局两方面的制约因素。

首先，盈亏平衡问题。目前共享汽车企业的可变成本主要由两部分组成：租赁点停车成本和调度、软硬件维护、营销等运营成本。总的来说，共享汽车企业在行业发展初期，规模较小的情况下保持着较高的运营成本。同时订单较少，用户规模小、用户黏性小、使用频率低导致了整体收入偏低。目前，深圳市市场上绝大多数的共享汽车企业都处于亏损状态。

其次，网点布局问题。目前，共享汽车市场推广的难题在于用户体验差。这一点从我们的用户调研中得到了验证。但其本质原因是共享用户对租赁网点分布的广度和密度要求高，与 B2C 共享汽车平台自建租赁网络成本负担重之间的矛盾。受到网点数量少、网点分布还不够密集、取车距离较远和使用便捷性等限制用户取、还车的便利性较差。还车时会遇到突发问题（比如车位已经被占用等），经常要备选 2 个以上的还车网点。但共享汽车企业属于重资本运营，在目前单车订单数较少和收入较低的运营状态下，不敢盲目地扩大网点和车辆的规模。此外，对于一部分运营企业来说，还面临着没有足够的租赁牌照的限制。短期内共享汽车项目的规模扩张存在着"瓶颈"。

二、相关建议

据现场调查情况来看，现在共享汽车服务企业，如联程共享，使用的停车场多数是位于公交场站附近的公共停车场，这些停车场十分有限，而且一些环境脏乱、无明显指示标志、地点偏僻，给用户体验带来不利影响。此外还有充电桩的布点密度不够，一些接受我们现场调查的用户表示，经常会遇到汽车电量不够，充电桩距离太远不得不放弃使用的情况。

此外，现在深圳市的共享汽车项目虽然存在多种形式，但用户使用频率较高的仍以 A 借 A 还的形式为主，即哪个站点取车，还车还要回到原来的站点。这限制了共享汽车的灵活性，不便于用户使用。目前在深圳市做到 A 借 X 还（即自由流动式）的难度还是比较大的，因为共享电动车随意停放要占用城市资源，要想实现 A 借 X 还就必须有足够的停车位。而政府的相关政策并没有跟进，现在做到城市停车位共享有一定难度。共享电动车依然需要额外划分固定的停车位，所以从某种程度上讲，政策是共享汽车发展的根本保证。

第十一章　O2O平台商家网络结构对平台发展的影响

　　汽车共享O2O平台，如Car2go，是一种创新的城市交通模式，汽车共享平台提供汽车队和租赁点，为人们提供短途汽车旅行。作为一种新的出行服务，汽车共享平台一直在努力发展它的初始用户并加速其扩散过程。与通过地理邻近用户的相互影响而传播扩散的其他O2O平台不同，共享汽车用户通常将共享车辆开到不同的目的地并影响那里的人，因此用户的使用决策还取决于其要去的所有目的地的前一位用户活动。可见，由于驾驶行为，两位共享汽车用户之间存在着的特殊联系。用户在共享汽车租赁点网络之间的驾驶行为对平台扩散过程的影响以前很少被研究。通过研究，我们发现具有相同目的地的用户之间的接触率（感染率）对于共享汽车平台扩散的临界用户量是至关重要的。而且，具有中心性网络的城市更适合汽车共享。因为它只需要更小的临界扩散感染率，而且会导致更大规模的共享汽车市场占有率。下面的研究有助于帮助汽车共享O2O平台选择城市发展战略，也是一个典型的关于平台商家网络结构如何影响O2O平台发展的分析。

第一节 商家网络结构影响平台发展的研究背景

汽车共享系统是替代买车，提供自驾租车出行方案的 O2O 平台，平台成员可以按分钟计时租赁共享汽车平台提供的车辆。所有取、还车都由自助服务系统操作（Millard-Ball, Murray, Schure, 2005）。用户可以根据他们当前的需求租借到各种类型的汽车而无需购买。同时共享汽车平台通过汇集零散用户的驾驶需求，最高效率地让汽车跑起来，同时有钱可赚。总的来说，与个人汽车拥有相比，共享汽车的用车成本降低，汽车的利用率提高了（He et al., 2014）。共享汽车系统正在成为公共交通的补充，为城市公共交通提供更高的汽车利用率和更少的停车需求，并显示出减少汽车总量的巨大潜力。根据对巴黎汽车共享计划 Autolib 的研究，每辆 Autolib 汽车将在 2020 年替代 5 辆家用汽车（Fournier et al., 2015）。而且它比一般私家车的燃油效率高出了 10 加仑/英里（Martin, Shaheen, Lidicker, 2010）。共享汽车是未来重要的汽车消费模式。目前，世界上大的汽车制造商梅赛德斯 - 奔驰、宝马和丰田，都纷纷成立了自己的共享汽车 O2O 平台，并在多个城市运营，车队总数超过 10000 辆（Martin, Shaheen, Lidicker, 2010）。通过运营共享汽车，宝马发现其客户平均年龄从 45 岁（购车者）下降到 32 岁（共享汽车用户）（Fournier et al., 2015）。预计到 2020 年，在全球范围内，汽车共享用户的数量将增长到 1200 万人（Navigant Research, 2013）。

自 2015 年以来，中国的各大城市都纷纷出现了汽车共享平台，其中 95% 以上使用纯电动汽车（EV）车队运营（Peng, Bai, Yan, 2017）。在电动汽车市场中，由于产品本身的行驶里程短，充电设施不足，以及前期购置成本高等问题（He et al.，2014），消费者的购买积极性不高。但汽车共享这种创新的运营模式可以克服这些障碍，有助于 EV 的推广和使用。汽车共享平台成了推动中国绿色汽车发展的有效工具。根据 King 等人的研究，建立共享汽车 O2O 平台的成本远低于其他推广电动汽车的补贴成本（King et al.，2013）。

虽然共享汽车 O2O 平台具有这些优势，但它同样也面临着扩散缓慢的问题。与一般平台型企业发展初期启动阶段一样，它必须努力激发初始用户并加速平台的扩散过程。否则，平台的网络效应会抑制平台发展。例如，最大的汽车共享平台 Car2go 于 2016 年底关闭其在圣地亚哥的共享服务，因为该服务无法吸引更多的城市居民使用，由于使用率较低，该计划变得无利可图。Car2go 也不是第一次削减其服务区域，2015 年 8 月 26 日，Car2go 关闭了哥伦布市的一些服务区域，并将服务区域缩小到了市中心地区（Rouan，2015）。在中国，由于同样的扩散缓慢问题，许多汽车共享 O2O 平台在很短的时间内就破产退出了市场（见表 11.1）。

表 11.1　　　　　中国因规模问题而破产的汽车共享平台

品牌名称	成立时间	结束时间	车队规模	服务城市
UUshare	2014 年 3 月	2017 年 3 月	300	北京
Leshare	2015 年 5 月	2017 年 7 月	100	北京、重庆、深圳、烟台
Ezzy	2016 年 3 月	2017 年 10 月	500	北京

考虑到用户的汽车驾驶行为，汽车共享平台与一般的 O2O 平台相比确实面临着更困难的扩散问题。通常平台扩散过程中，可以观察到两种用户之间的相互影响效应：外部效应和内部效应（Mahajan，Muller，Bass，1990）。外部效应代表公司的营销努力，如广告；内部

效应代表了已采用者的影响。新产品/服务扩散的研究主要集中在基于社交网络的客户交互，如即时通信软件、社交应用程序和一些在线服务。而对于其他一些新产品和服务的扩散，由于口口相传和模仿效应，购买行为将在地理邻近的人群中传播。一个小区中的用户影响其相邻小区中的用户，随着这种交互的进行，新产品/服务会在像"元胞自动机"系统那样传播。Goldenberg 等（2002，2004）将这种现象引入营销管理学的研究中。但所有这些研究都无法描述共享汽车平台的扩散，因为共享汽车用户不会永远停留在一个地方，他们会把共享汽车开到另一个地方。驾驶行为使得汽车共享用户之间的交互更加复杂，之前很少有研究用户在商家网络之间的驾驶行为对新平台发展的影响。

一方面，驾驶行为使得先前的用户在其所有目的地以不同的访问概率对后来的用户施加影响；另一方面，后来用户的使用决策还取决于其要去的所有地方的先前用户活动。Fournier 等研究共享汽车和共享自行车的决策影响因素，发现客户考虑使用共享而非购买的最关键因素是在他们访问的任何地方都能轻松使用到该服务（Lamberton and Rose，2012；Fournier，Eckhardt and Bardhi，2013）。因此，访问同一目的地的前、后用户之间存在着较强的相互影响。

因此，此部分基于城市居民的出行网络生成的用户关系网络，研究了汽车共享 O2O 平台的扩散过程。参考了网络流行病模型，讨论了 O2O 共享汽车平台的扩散机制。首先解决了 O2O 共享汽车平台服务的扩散关键性参数，然后分析了有利于 O2O 共享汽车平台扩散的最优网络特征，研究了中国 7 个城市的空间出行网络，并对其 O2O 共享汽车平台扩散结果进行了比较。该方法将解释在汽车共享业务实践中如何利用城市空间出行网络做战略选择。

第二节 商家网络结构相关文献回顾

目前，学术界也出现了许多涉及汽车共享用户采用行为的研究。Martens 等考虑了微观层面的汽车共享可获得性，并发现它对汽车共享的采纳行为有影响（Martens，Sierzchula and Pasman，2011）。Huwer（2004）研究了用户的移动行为，发现客户如果能够灵活地在各个地方获得共享汽车服务，他们对汽车共享服务满意，不购买汽车。共享汽车与其他共享服务的巨大差异在于，用户的需求通常发生在多个不同的地方，因为汽车就是用于出行的。因而客户需求将发生在那些地方与客户的出行轨迹有关。因此，共享汽车能否经常频繁地出现在用户的出行网络中对用户的使用决策起决定性作用。考虑到客户的采用取决于他所有出行目的地是否有车，He 等（2014）设计了最佳的汽车共享服务区域模型。以上这些研究为汽车共享服务分析中居民出行网络的应用提供了启示。但已有研究往往也受到数据规模的限制，通常是一些小规模调查得到的数据。为了比较具有不同居民出行网络特征的地区的汽车共享服务发展过程，需要深入研究居民出行的规则和影响因素。

Human Mobility 模型是一种公认的研究人类出行行为特征的方法，可以较准确地描述人类出行的模式。已有的实证研究分析了城市地区居民的出行特征。发现尽管人类运动具有高度的自由度和多样性，但由于地理和社会的限制，出行行为也表现出了一些固定的模式（Cho and Myers，2011）。Brockmann（2006）和 Gonzalez（2008）在不同的出行尺度上发现了人类出行距离的无标度性。Louail（2014）分析了城市居民出行的空间多中心特征，并测试了城市活动中心的聚类程度。所有这些分析表明，居民出行模式背后的机制是有规律可循的。根据 Tobler 第一定律，距离近的质量大的物质比距离远的质量小的物质更有吸引力。可以推断人群之间的空间相互作用受所在地区的吸引力和地理位置的影响（Gao et al.，2013）。基于这一假设，引力模型和辐射模型已成为描述人类出行动力学的两个标准模型（Wesolowski，2015）。在标准引力模型中，欧氏距离通常用于描述衰减率；而在辐射模型中，个体可能会前往最近的并且最有吸引力的地区（吸引力通过两者之间间隔的人群多少测量），衰减被描述为人群数量和位置之间距离的函数（Wesolowski，2015）。Barthélemy（2011）的相关工作详尽地解释了空间约束如何影响这些空间出行网络的结构和性质。

一般来说，标准引力模型可以准确地解释城市的 70% 的居民出行行为特征。唯一的缺点是引力模型有太多特定参数需要依赖于交通系统数据计算获得。例如，He 等利用经典引力模型来仿真城市中的共享汽车出行数据。除了经典引力模型中的人口因素外，他们还使用了其他社会经济因素，如人均收入、商业机构、学生入学率和工作场所人口（He et al.，2014）来作为模型的影响变量。考虑到所有城市空间结构的资源供应和地理条件可以体现城市人口分布密度。Yan 等提出了用人口加权机会（PWO）模型来解释城市规模的人口流动模式，该模型的优点是只需要地理距离和人口密度两个参数，不需要任何其他可调参数（Yan et al.，2013）。这种无参数模型已被证明可以可靠地预测城市人口出行的位置和动态特征，并比标准重力模型具备更好的性能。

通过这些模型，我们可以模拟城市居民出行网络的特征，如他们出行去哪儿？以及他们去这些地方的频率？已有一些工作使用这些模型来分析人类迁移模式（Hatton and Williamson，2008），城市服务点之间的空间协作（Wu，2016），疾病的传播（Eubank et al.，2004）和灾害的传播，如交通堵塞（Li et al.，2014）。再结合流行病传播模型，研究城市居民出行网络中汽车共享平台服务的扩散路径。我们的工作是首次将人类出行模型应用到汽车共享扩散问题。

第三节 商家网络结构特征及发展机制

一、城市居民出行模型

PWO 模型的假设是目的地对居民的吸引力反比于两地之间间隔的居民数量。可以使用地理距离和人口密度生成居民的出行网络，而不需要其他指标的数据。对于到达目的地 j，原位置在 i 的居民来说，i 和 j 之间的人口越多，去目的地 j 的吸引力越小（Yan et al.，2013）。然后我们有：

$$A_j - o_j\left(\frac{1}{S_{ji}} - \frac{1}{M}\right) \qquad (11-1)$$

其中：A_j 是目的地 j 对 i 外居民的相对吸引力；o_j 是目的地 j 的机会参数；M 是城市中的总人口；S_{ji} 是以目的地 j 为中心，r_{ij}（位置 i 和目的地 j 之间的距离）为半径的圆内的人口总和。

此外，假设从 i 到 j 的出行概率与 j 的吸引力成比例，并且假设机会数 o_j 与人口 m_j 成比例，我们可以得到从 i 到 j 的出行频次为：

$$T_{ij} = T_i \frac{m_j\left(\frac{1}{S_{ji}} - \frac{1}{M}\right)}{\sum_{k \neq i}^{N} m_k\left(\frac{1}{S_{ki}} - \frac{1}{M}\right)} \qquad (11-2)$$

其中：T_i是从 i 处出发的行程总数，N 是城市中的位置数。

二、网络连边的定义

我们的研究考虑的是在服务区域内运营的自由浮动模式的汽车共享服务。目前在共享汽车市场上有 3 种类型的汽车共享系统：自由浮动式汽车共享、基于站点的单向汽车共享和基于站点的返还式汽车共享系统。自由浮动系统意味着在旅程结束时，汽车可以停放在服务区域内的任何位置（He et al.，2014）。基于车站的单向系统意味着在行程结束时，车辆可以停放在服务区域内的指定车站，而基于车站的返还式系统意味着车辆必须返回其租用的车站。与基于站点返还或单向的汽车共享服务系统相比，自由浮动汽车共享可以为客户提供更大的灵活性和便利性，并且可以在不受固定站限制的情况下进行服务的扩散。它是一些大型汽车共享平台的选择，如 Car2go 和 Togo（中国）。

由于自由浮动的设计，当用户驾驶共享汽车时会对其他用户产生较强的示范效应，并能有效地鼓励其他客户采用该服务。示范效应是指由已采用者引起的后续顾客效仿的行为，包含两个积极的反馈：口碑和模仿。示范效应是产品生命周期的早期扩散的主要内在力量（Kohli et al.，1999）。当物理距离临近的已采用者采用某种形式的服务时，会发生演示效果。加伯等人观察在空间维度上销售的时间序列数据，发现了成功的产品扩散具有一致空间分布特征。即首先在空间中有一些点，然后形成一些空间簇；集群合并成大集群，最终覆盖整个市场空间（Garber et al.，2004）。用户地理距离临近模式影响新产品传播的强度和速度的现象被称为"邻域效应"（Baptists and Rui，2000；Case，1991；Mahajan and Peterson，1979）。但是，汽车共享的扩散与地理临近情况又存在着不同，因为汽车用于出行。已采用者的示范效果不会作用于其所在位置周边的人群，而是作用于他的出行目的地周边的人群。那么，我们可以想象汽车共享服务的新需求点不会像涟漪一样从一点扩散出去，而是会有一段距离跳跃。它们将在哪里发生，取决于已采用者的出行网络。

我们将网络连边设计为访问同一目的地的两个用户（见图 11.1）。从潜在客户的角度来看，他的共享汽车使用决策也取决于他的出行网络。如果他的大多数出行目的地都有人驾驶共享汽车，这意味着他承受了更强的示范效应和更大的使用灵活性。毕竟，可访问性和灵活性是汽车共享消费最重要的影响因素。此外，根据文献研究，用户之间的社交互动很少。似乎已采用者只能在访问同一目的地时影响新的采用者，因此，我们的模型假设，只有访问相同目的地的用户之间存在连边。

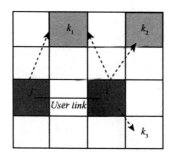

图 11.1　模型中定义的用户连边

我们可以从居民出行网络中抽象出用户网络。空间上的人口分布，城市空间结构的基础设施和地理条件将影响城市的居民出行网络，会导致不同的用户连边模式。不同的用户网络特征使我们可以测试出行网络对共享汽车平台发展的影响。

三、数据简介

我们研究中采用的地理距离和人口数量数据来自中国科学院资源与环境科学数据中心开发的 PopulationGrid_China 2010 数据集。它是目前最好的空间人口数据集之一，空间分辨率为 1km × 1km。空间人口数据的相对误差在 4.5% ~ 13.6%，大多数样本相对误差小于10%（Fu，Jiang，and Huang，2014）。我们选择 7 个不同的中国城市和县作为我们的研究对象，并将 7 个市、县的人口数据显示为 1 千米网格格式，如图 11.2 所示。这 7 个市、县在位置、城市规模、地理区域和人口密度方面非常多样化。

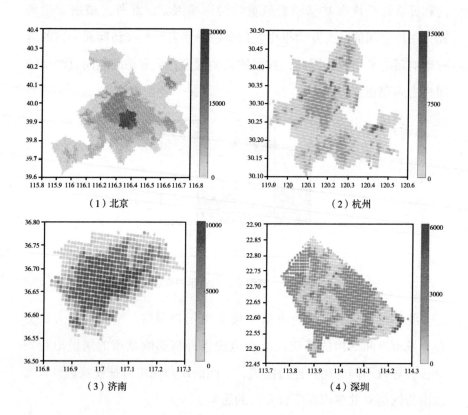

（1）北京   （2）杭州

（3）济南   （4）深圳

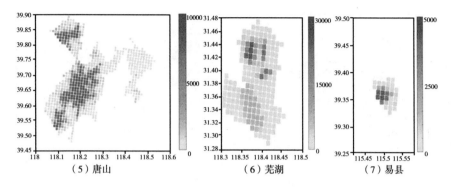

（5）唐山　　　　　　　（6）芜湖　　　　　　　（7）易县

图 11.2　中国 7 个市、县人口的空间分布

中国 7 个市、县的用户网络如图 11.3 所示。由于这些城市人口密度和地理距离不同，导致居民出行网络和用户连边网络的结构差异很大。表 11.2 给出了这 7 个市、县的用户网络结构的几个指标的区别。

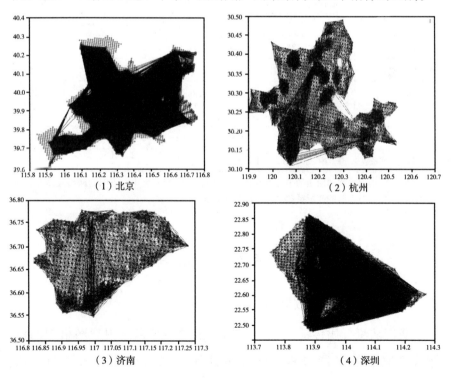

（1）北京　　　　　　　　　　　　（2）杭州

（3）济南　　　　　　　　　　　　（4）深圳

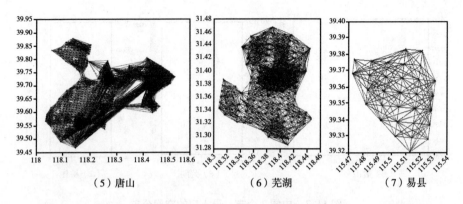

（5）唐山　　　　　　（6）芜湖　　　　　　（7）易县

图 11.3　中国 7 个市、县的用户网络

注：由于北京用户网络有很多连边，我们提供的只是显示了连边传播概率大于 10% 的网络。

表 11.2　　　　　　　　中国 7 个市、县的网络统计指数

指标	北京	杭州	济南	唐山	深圳	武汉	易县
节点数	2841	1289	637	696	1166	184	31
平均度	40.0	21.1*	18.90*	24.1*	32.0	22.4	14.1
集聚系数	0.31	0.31	0.29	0.33	0.31	0.34	0.35
平均路径	13.00	8.53	6.11	6.31	8.16	3.10	1.59
网络直径	46	27	21	17	22	8	3
网络密度	0.01	0.02	0.03	0.02	0.03	0.12	0.47
节点度的基尼系数	0.529	0.211**	0.117**	0.247**	0.455	0.232	0.110

注：*济南、杭州和唐山的平均度相似。**济南、杭州和唐山有不同的网络异质性。在这里，我们使用节点度的基尼系数来评估网络的异质性。

第四节　O2O 平台发展的临界条件分析

一、共享汽车扩散模型

我们从流行病传播研究中借用扩散模型来描述用户网络中的汽车共享服务的扩展过程，这也是其他研究人员普遍采用的方法

（Hanssens，Mahajan and Peterson，1985；Frank，2004）。假设一个由一组网格组成的城市区域 I，每个网格中的潜在客户 $i \in I$ 具有二元决策变量 x_i，当潜在客户使用汽车共享服务时，$x_i = 1$，当他们不使用该服务时，$x_i = 0$。令 λ 表示先前采用者对其连接的潜在采用者的影响程度。在使用之后，先前采用者就像新采用者一样，将再次做出使用决策。并且该使用决策将取决于在其所有出行目的地是否有共享汽车的情况，即像康复的人在易感染—恢复（SIR）模型中再次处于易感状态。

　　传统的 SIR 模型假设所有节点随机混合在一起，先前采用者具有相同的概率来感染任何其他节点。但在汽车共享扩散的背景下，先前采用者只能影响用户网络中的连接节点。并且由于用户网络不是常规网络，因此有必要区分不同连边的节点。我们假设 $\rho_k(t)$ 为第 t 轮节点度为 k 的使用共享汽车服务的客户比例。根据平均场理论（Pastor-Satorras，2002），$\rho_k(t)$ 的变化为：

$$\frac{\partial \rho_k(t)}{\partial t} = -(1-\beta)\rho_k(t) + \lambda k[1-\rho_k(t)]\Theta(\rho_k(t)) \quad (11-3)$$

　　式（11-3）右边第一项意味着 $(1-\beta)$ 比例的采用者下一轮不会继续使用汽车共享服务，β 代表客户黏性。右边第二个项是下一轮度值为 k 的新采用者的比例。λ 是先前采用者和潜在采用者之间的感染率；$1-\rho_k(t)$ 是度值为 k 的潜在采用者的比例；$k\Theta(\rho_k(t))$ 是潜在采用者链接着先前采用者的期望值。式（11-3）与经典 SIR 模型的不同之处在于第二项具有额外的局部网络结构因子，其中 $\Theta(\rho_k(t))$ 表示链接先前采用者的链接概率。

　　在汽车共享扩散的早期阶段，采用者的比例非常小。然后我们可以忽略式（11 – 3）中的高阶项，并考虑一个没有用户黏性的简单情况，$\beta = 0$。当式（11 – 3）的右边部分等于零时，汽车共享服务的稳定市场份额可以简化为：

$$\rho_k = \frac{\lambda k \Theta}{1 + \lambda k \Theta} \qquad (11 - 4)$$

考虑到用户连接网络结构是不均匀的。因为用户网络是由居民出行网络生成的，而不是度相关网络，所以链接着一个度值为 s 的节点的概率是：

$$P(s \mid k) = \frac{sP(s)}{\langle k \rangle} \qquad (11 - 5)$$

对 s 求和，得到：

$$\Theta = \sum_s P(s \mid k) \rho_s = \frac{1}{\langle k \rangle} \sum_s sP(s) \rho_s \qquad (11 - 6)$$

将式（11 – 4）代入式（11 – 6），得到：

$$\Theta = \frac{1}{\langle k \rangle} \sum_s sP(s) \frac{\lambda s \Theta}{1 + \lambda s \Theta} \qquad (11 - 7)$$

式（11 – 7）的结果将是整个市场中所有网格的用户最终采用的比例，即稳定的市场份额。如果存在非零解，则市场份额 θ 为：

$$\langle k \rangle = \sum_k \frac{\lambda k^2 P(k)}{1 + \lambda k \theta} \qquad (11 - 8)$$

这样我们通过给定的用户网络结构和感染率就可以推算出稳定的市场份额。

二、汽车共享 O2O 平台成功扩散的临界条件

汽车共享平台成功扩散的临界条件就等于式（11 – 7）具有非零

解的条件。假设：$y1 = \Theta$；$y2 = \dfrac{1}{\langle k \rangle} \sum_s sP(s) \dfrac{\lambda s \Theta}{1 + \lambda s \Theta}$。

如图 11.4 所示，$y1$ 和 $y2$ 的曲线交叉于 $\Theta = 0$，如果想保证第二交叉点将存在于方形 $0 \leqslant y1 \leqslant 1$ 的内部，就要满足条件：仅当 $y2$ 的斜率大于 1 时，即 $y2'(\Theta = 0) \geqslant 1$。

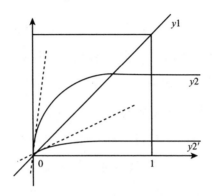

图 11.4 Θ 存在非零解的示意

式(11 - 7)具有非零解的条件就是：

$$\frac{\mathrm{d}}{\mathrm{d}\Theta}\left(\frac{1}{\langle k \rangle} \sum_s sP(s) \frac{\lambda s \Theta}{1 + \lambda s \Theta} \right)\bigg|_{\Theta = 0} \geqslant 1 \qquad (11 - 9)$$

此时有·

$$\sum_s \frac{sP(s)\lambda s}{\langle k \rangle} = \frac{\langle k^2 \rangle \lambda}{\langle k \rangle} \geqslant 1 \qquad (11 - 10)$$

那么，用户网络中的感染率的临界值 λ_c 是：

$$\lambda_c = \frac{\langle k \rangle}{\langle k^2 \rangle} \qquad (11 - 11)$$

从式（11 - 11），我们可以得知当用户之间的感染率低于 λ_c 时，无论初始用户群的多大，汽车共享市场都将逐渐缩小为零。相反，当

感染率等于或大于 λ_c 时，汽车共享服务平台将实现稳定的市场份额。更重要的是，式（11 - 11）告诉我们，当有网络的中心性较强时，较小的 λ_c 将获得更好的扩散结果。Lü 等人的研究发现当网络的幂指数在（2，3）范围内时，对于规模无限大的网络 $I \to \infty$，$\langle k^2 \rangle \to \infty$，$\lambda_c$ 值将接近于零（Lü，Chen and Zhou，2012）。在这种情况下，无论感染率有多小，汽车共享都可以在市场上传播开来。

基于用户网络，我们可以很容易地计算网络度平均值和度平方的平均值，并获得每个城市的临界感染率的理论值，如表 11.3 所示。与其他城市相比，北京和深圳两个城市，都具有最小的临界感染率。这主要因为北京是我国的首都；而深圳是中国经济改革开放后的第一个经济特区，在过去 40 年里经济增长强劲。目前，北京和深圳都位于中国的第一线的城市群中，人口均超过 1000 万人。为了服务于这么多人的工作和生活，这两个大都市已发展出了多个经济、文化中心，多个生活服务中心的城市空间区域特征，并影响了其居民的出行网络。它们是最具有城市居民出行网络和用户连接网络的代表性城市。因此，在这些城市中发展汽车共享扩散所要求的临界感染率最低，汽车共享服务很容易在两个城市扩散开来。

表 11.3　　　　　中国 7 个市、县临界感染率的理论值和仿真值

项目	北京	杭州	济南	唐山	深圳	芜湖	易县
λ_c 理论值	0.007 *	0.041	0.05	0.036	0.012 *	0.038	0.068
λ_c 仿真值	<0.01	0.04	0.04	0.04	0.01	0.04	0.10

注：* 北京和深圳的感染率最低。

图 11.5 给出了感染率与汽车共享扩散的稳定市场规模之间的对应关系。在仿真模型中，首先随机选择 10 个网格，假定其上的用户

已经开始使用汽车共享服务，他们将通过城市的用户网络影响其他潜在用户。对于用户网络，我们假设每个网格链接 5 个其他网格，具有连边关系的两个网格的用户之间具有相同的目的地和相对大的访问概率。当一个网格中的用户采用汽车共享服务时，与其连接的其他网格的用户很可能使用相同的服务。如图 11.5 所示，北京、深圳可以扩散的临界感染率最小，其次是唐山、杭州和济南，而易县的感染率最高。7 个市、县的临界感染率仿真结果见表 11.3 的 λ_c 仿真值，仿真值与理论值的比较表明该模型是有说服力的。

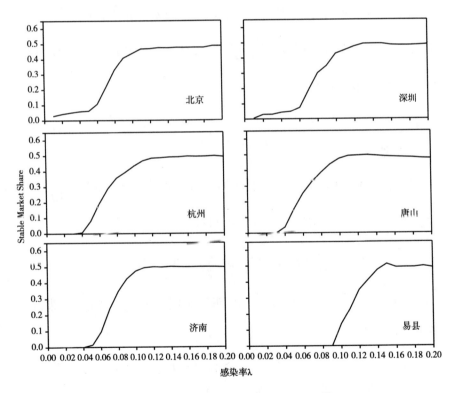

图 11.5　不同的感染率 λ 导致汽车共享服务扩散的稳定市场规模

第五节　O2O 平台发展的最优商家网络特征分析

从图 11.5 还可以看出，当感染率大于临界值时，市场扩张结果与城市的网络中心性无关。以下部分将讨论哪些网络功能将影响汽车共享服务的扩散结果。假设两个城市的共享汽车扩散系统的感染率相同，并且大于每个城市的临界感染率；两个城市的用户网络节点具有相同的度平均值，$\langle k_1 \rangle = \langle k_2 \rangle$，但分布不同。假定 City1 具有更大的用户连接网络的异构性，所以我们说 $P(k_1)$ 相对于 $P(k_2)$ 是二阶随机占优的。我们让 $LL = \dfrac{\lambda k\theta}{1 + \lambda k\theta}$ 代表共享汽车服务的稳定市场份额，LL 的二阶导数是：

$$\frac{\mathrm{d}^2 LL}{\mathrm{d}^2 k} = \frac{2\lambda^2 \theta^2}{(1 + \lambda k\theta)^2} \Big[\frac{\lambda \theta k}{1 + \lambda \theta k} - 1 \Big] \qquad (11-12)$$

注意到 λ、θ 和 k 都是大于 0 的参数，那么，我们就有 $\dfrac{\mathrm{d}^2 LL}{\mathrm{d}^2 k} < 0$。根据二阶随机占优理论（SSD），我们有：

$$\sum_{k_1} k_1 P(k_1) LL_{k_1} > \sum_{k_2} k_2 P(k_2) LL_{k_2}$$

而且，因为两个城市的节点度期望相同，$\langle k_1 \rangle = \langle k_2 \rangle$，那么可以得到：

$$y2 \ (k_1) \ > y2 \ (k_2)$$

$$\frac{1}{\langle k_1 \rangle} \sum_{k_1} k_1 P(k_1) LL_{k_1} > \frac{1}{\langle k_2 \rangle} \sum_{k_2} k_2 P(k_2) LL_{k_2} \qquad (11-13)$$

所以，在共享汽车扩散达到稳态时有，$\theta_1 > \theta_2$。

从式（11-13），我们可以得到稳定的市场份额与城市用户网络的平均度成反比，并且与网络的异质性成正比。这一发现可以帮助我们了解为什么北京和深圳的市场份额在图11.5中缓慢扩大。因为它们是经济最活跃的城市，北京和深圳的平均度分别为40和32（见表11.2），远大于其他城市，因而其稳定的市场份额小于其他具有相同感染率的城市。

式（11-13）还告诉我们当城市具有相同的平均度时，具有更大网络异质性的城市将有更好的市场扩张速度。我们选择了3个城市：济南、杭州和唐山，它们具有相似的平均度，但网络异质性不同（见图11.6）。在这里，我们使用节点度的基尼系数来评估网络的异质性。如表11.2所示，济南，杭州和唐山的平均度分别为18.9，21.1和24.1；3个城市的基尼系数分别为0.117，0.211和0.247。

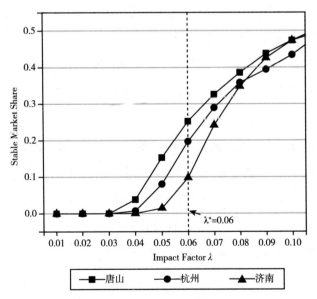

图11.6 3个平均度相似但网络异质性不同的中国城市：

济南、杭州和唐山的共享汽车扩散结果对比

图 11.6 给出了 3 个城市稳定市场份额的对比结果。以 $\lambda = 0.06$ 为例，由于网络异质性较大，唐山得到最佳扩散结果，其次是杭州和济南。

第六节　商家网络结构影响平台发展研究的管理启示

综上所述，我们的研究基于空间网格人口数据预测了中国 7 个市、县的居民出行网络，并利用流行病传播研究的 SIR 模型分析了共享 O2O 平台扩散的临界条件。我们的研究结果包括：首先，用户网络结构的中心性导致共享汽车 O2O 平台扩散的临界感染率降低；其次，当感染率超过临界值时，市场扩散结果不仅与城市的中心性有关，还与网络的平均度成反比，并且与网络的异质性成正比。这意味着对于用户网络具有相似平均度的城市来说，具有更大网络异质性的城市将更有利于汽车共享扩散。

我们的研究结果表明，通过考虑城市的居民出行网络结构，可以探索防止市场萎缩、促进汽车共享服务系统迅速扩散的可能方法和方向，同时要注意加强用户之间的共享传播过程之间的联系。此外，面对共享汽车 O2O 平台如何选择新城市、新市场的挑战，我们认为用户网络的空间模式是由城市居民出行网络产生的，是非常重要的评估指标。具有较大中心性和较小平均度用户网络的城市更适合于优先发展共享汽车 O2O 平台，因为它的汽车共享服务仅需要较低的扩散感染率，就可以实现较高的稳定市场规模。

附录

深圳市新能源汽车共享用户满意度调查

样本编号：

　　您好！首先，非常感谢您参与深圳市新能源汽车共享汽车满意度调研活动。

　　为促进深圳市新能源汽车共享汽车业务水平的提高，在国家支撑计划"深圳电动汽车共享汽车运营实施效果评价"项目的支持下，中国汽车工程学会启动了本次调查，将在深圳全市范围内征集大家对共享汽车的意见。我们将遵循行业规范，不会向任何无关人员透露您的信息，问卷中的个人信息仅作统计、派发礼品之用，请放心回答。我们期待着您的宝贵意见！

　　1. 如果您从未使用过共享汽车，请跳过此部分直接从 Q28 继续作答。

　　2. 我们希望填写问卷的是车辆的购车者和主要使用者。

　　3. 填写问卷时如有任何疑问，请您拨打免费热线电话：010－×××××××。

　　4. 我们希望您在_____月_____日前，将填好的问卷寄给我们。

　　5. 邮寄地址：

　　联系人：

Q1. 首次使用共享汽车的时间：＿＿＿＿年。

Q2. 您目前使用共享汽车的频次？每月＿＿＿＿次。

Q3. 您驾驶共享汽车通常是几人共乘？

    A. 只有自己   B. 与 1 人共乘

    C. 与 2 人共乘   D. 与 3～4 人共乘

Q4. 您租借一次共享汽车，平均行驶距离是？

    A. <5 千米   B. 6～20 千米

    C. 21～50 千米   D. >50 千米

Q5. 您租借一次共享汽车，一般使用时长是多少？

    A. <15 分   B. 15 分钟～1 小时

    C. 1～6 小时   D. >6 小时

Q6. 您使用共享汽车的主要出行目的是？（可多选）

    A. 学校或工作单位（<3 次/周）

    B. 学校或工作单位（3～5 次/周）

    C. 学校或工作单位（>5 次/周）

    D. 谈业务

    E. 购物或吃饭

    F. 朋友聚会、游玩等社交活动

Q7. 请问您在使用共享汽车之前了解该服务的主要信息渠道有哪些？（可多选）

    A. 朋友/熟人推荐   B. 电视、广播电台

    C. 报纸、杂志、户外广告牌   D. 互联网查询

E. 车展　　　　　　　　　　　F. 微信、微博等新媒体平台

G. 人员推销　　　　　　　　　H. 共享汽车站点信息

I. 其他

Q8. 请问下列哪些原因是您使用共享汽车的考虑因素？（可多选）

A. 摇不到号，无法买车

B. 共享汽车不受尾号限行约束

C. 分时租车节省出行时间

D. 分时租车使用方便

E. 没有司机，可以自由选择行程和路径

F. 纯电动车更环保

G. 旅游时用车

H. 其他

Q9. 您使用共享汽车时是否关心车型的大小？

A. 是　　　　　　　　　　　　B. 否

Q10. 共享汽车会让您不购买汽车吗？

A. 是　　　　　　　　　　　　B. 否

Q11. 共享汽车会让您推迟购车计划吗？

A. 是　　　　　　　　　　　　B. 否

Q12. 如果不用共享汽车，你通常会选择以下哪种出行方式？（可多选）

A. 私家车　　　　　　　　　B. 出租车、快车

C. 传统租车，例如神州租车　　D. 地铁、公交

E. 自行车、步行

Q13. 与原出行方式相比，驾驶共享汽车是否降低了您的出行花费？

    A. 是   B. 否（跳答 Q15）

Q14. 驾驶共享汽车的出行成本大约是原来方式的____%（请在 0～100 之间选择）。

Q15. 在深圳，从新世界中心到深圳湾公园的出租车车程约为 16 分钟 10 千米，打车费用约为 40 元。

请问，同样的路程驾驶共享汽车，您能接受的最高价格是？

A. <30 元   B. 30～35 元   C. 35～40 元

D. 40～45 元   E. 45～50 元   F. >50 元

Q16. 在深圳，从新世界中心到深圳西站的出租车车程约为 32 分钟 20 千米，打车费用约为 55 元。

请问，同样的路程驾驶共享汽车，您能接受的最高价格是？

A. <30 元   B. 30～45 元   C. 45～55 元

D. 55～60 元   E. 60～75 元   F. >75 元

Q17. 请您对共享汽车的性能进行满意度评价？

请您用 1～5 分制给以下各项进行打分，其中 1 分表示无法接受，2 分代表不满意，3 分代表一般，4 分代表满意，5 分代表完美，您非常满意。

A. 纯电动车的可靠性   1 2 3 4 5

B. 纯电动车的舒适程度   1 2 3 4 5

C. 纯电动车噪声大小   1 2 3 4 5

D. 共享汽车的动力性能   1 2 3 4 5

E. 共享汽车的发生故障频率高低   1 2 3 4 5

F. 对共享汽车性能的整体评价　　　　　1　2　3　4　5

Q18. 请您对共享汽车出行的经济性进行满意度评价？

请您用 1～5 分制给以下各项进行打分，其中 1 分表示无法接受，2 分代表不满意，3 分代表一般，4 分代表满意，5 分代表完美，您非常满意。

A. 需缴纳押金高低　　　　　　　　　　1　2　3　4　5

B. 单次租车的价格高低　　　　　　　　1　2　3　4　5

C. 长时间或多次租车的车费优惠力度　　1　2　3　4　5

D. 与出租车、快车相比的价格优惠程度　1　2　3　4　5

E. 与神州租车等长租公司相比的价格优惠程度　1　2　3　4　5

F. 对共享汽车经济性的整体评价　　　　1　2　3　4　5

Q19. 针对您经常使用的这家共享汽车企业的运营服务情况，请您对以下几个方面做出满意度评价？

请您用 1～5 分制给以下各项进行打分，其中 1 分表示无法接受，2 分代表不满意，3 分代表一般，4 分代表满意，5 分代表完美，您非常满意。

A. 共享汽车卡会员申请和遗失补办便捷程度　1　2　3　4　5

B. 手机 App 方便易用程度　　　　　　　1　2　3　4　5

C. 手机 App 查询租赁点信息、车辆信息准确程度　1　2　3　4　5

D. 站点设施整洁、美观程度　　　　　　1　2　3　4　5

E. 共享汽车电动车的干净卫生程度　　　1　2　3　4　5

F. 自助租、还车系统操作方便程度　　　1　2　3　4　5

G. 电动汽车驾驶的难易程度 　　　　　1　2　3　4　5

H. 服务支持系统反应快慢程度 　　　　1　2　3　4　5

I. 服务支持系统解决问题的专业程度 　1　2　3　4　5

J. 共享汽车平台新服务和服务信息的更新速度　1　2　3　4　5

K. 对运营服务水平的整体评价 　　　　1　2　3　4　5

Q20. 您通常到达共享汽车点的方式是？（可多选）

　　　A. 地铁、公交　　　　　　　B. 自行车

　　　C. 步行　　　　　　　　　　D. 出租车、快车

Q21. 您偏好的共享汽车点有？（可多选）

　　　A. 公共交通中转站附近　　　B. 工作单位附近

　　　C. 居民区附近　　　　　　　D. 购物中心附近

　　　E. 其他，请注明：

Q22. 您能接受的共享汽车点最远距离是？

　　　A. ＜100 米　　　　　　　　B. 100～300 米

　　　C. 300～500 米　　　　　　D. 500～800 米

　　　E. 800～1500 米　　　　　　F. ＞1500 米

Q23. 您通常选择在取车点还车吗？

　　　A. 是　　　　　　　　　　　B. 否，在其他租赁点还车

Q24. 请用 1～5 分制，对共享汽车企业租赁点的分布情况进行满意度评价？

请您用 1～5 分制给以下各项进行打分，其中 1 分代表完全不同意，2 分代表不太同意，3 分代表一般，4 分代表满意，5 分完全同

意，您非常满意。

    A. 租赁点很多，容易找到租车点　　　　　1　2　3　4　5

    B. 还车方便，还车点车位充足　　　　　　1　2　3　4　5

    C. 大型交通枢纽（机场、高铁站等）附近都有

       租赁点　　　　　　　　　　　　　　　1　2　3　4　5

    D. 从出发地步行到租赁点的距离很近　　　1　2　3　4　5

    E. 通过地面引导、电子地图可以方便地导航到

       附近的租赁点　　　　　　　　　　　　1　2　3　4　5

    F. 对租赁点分布情况的整体评价　　　　　1　2　3　4　5

    Q25. 综合以上共享汽车方式本身的优越性、共享汽车企业的运营情况、网点布局、定价等情况来看，您对共享汽车业务的总体满意程度如何？（1 分最低，5 分最高）

                          1　2　3　4　5

    Q26. 当您的朋友或熟人出行时，您向他们推荐共享汽车的可能性有多大？

    Q27. 您选择共享汽车服务看重的是哪些因素？

    其中 1 分表示无法认同，2 分代表不认同，3 分代表一般，4 分代表认同，5 分代表您非常认同。

    A. 节省出行时间　　　　　　　　　　　　1　2　3　4　5

    B. 使用方便　　　　　　　　　　　　　　1　2　3　4　5

    C. 驾驶舒适　　　　　　　　　　　　　　1　2　3　4　5

    D. 自由选择行程和路径，机动性好　　　　1　2　3　4　5

E. 环保态度的体现　　　　　　　　　1　2　3　4　5

F. 自驾行驶更安全　　　　　　　　　1　2　3　4　5

G. 其他，请注明：

Q28. 您不考虑共享汽车是由于哪些因素？

其中 1 分表示无法认同，2 分代表不认同，3 分代表一般，4 分代表认同，5 分代表您非常认同。

A. 停车困难　　　　　　　　　　　　1　2　3　4　5

B. 站点距离远　　　　　　　　　　　1　2　3　4　5

C. 不能异地还车　　　　　　　　　　1　2　3　4　5

D. 车型不好，车型少　　　　　　　　1　2　3　4　5

E. 对纯电动车可靠性的担心　　　　　1　2　3　4　5

F. 共享汽车不便宜　　　　　　　　　1　2　3　4　5

G. 使用过程繁琐　　　　　　　　　　1　2　3　4　5

H. 其他，请注明：

最后，还想询问一下您个人的一些基本信息。

Q1. 您的性别？

　　A. 男性　　　　　　　　　　　　B. 女性

Q2. 您的年龄？

　　A. 18～25 岁　　　B. 26～30 岁　　　C. 31～35 岁

　　D. 36～40 岁　　　E. 41～45 岁　　　F. 46～50 岁

　　G. 51～55 岁　　　H. 56～60 岁　　　I. 61～65 岁

　　J. 66 岁及以上

Q3. 您的家庭人数？

A. 1 人　　　　　B. 2 人　　　　　C. 3 人

D. 4 人　　　　　E. 5 人或更多

Q4. 您自己或家庭是否有私家车？

A. 有 2 辆及以上　　　　　B. 有 1 辆

C. 无

Q5. 如果有车，您每天的平均驾驶里程（千米）？

Q6. 您的学历？

A. 小学及以下　　　　　B. 初中

C. 高中（含中专/技校）　　　　　D. 大专

E. 本科　　　　　F. 硕士

G. 博士

Q7. 您的职业？

A. 公务员　　　　　B. 企事业单位负责人

C. 中高级管理人员　　　　　D. 技术人员

E. 普通白领　　　　　F. 普通工人

G. 商业、服务人员　　　　　H. 教师

I. 医生　　　　　J. 律师

K. 兼职　　　　　L. 学生

M. 未就业 - 找工作中　　　　　N. 不工作赋闲在家

O. 家庭主妇　　　　　P. 创业者

Q. 自由职业者　　　　　R. 其他

Q8. 您的家庭每月税前收入大致在以下哪个范围内？

A. 5000 元及以下　　　　　B. 5001 ~ 15000 元

C. 15001 ~ 40000 元　　　　　D. 40001 元以上

衷心感谢您对本次调研的支持。深表谢意！

如果您希望得到我们的调查结果，请留下您的信息：

姓名

电话

邮箱

参 考 文 献

［1］ Abrahamson E. and Rosenkopf L. Social Network Effects on the Extent of Innovation Diffusion: A Computer Simulation ［J］. Organization Science, 1997, 8 (3): 289 – 309.

［2］ Ackere A. V. and Reyniers D. J. Trade-ins and Introductory Offers in a Monopoly ［J］. The Rand Journal of Economics, 1995 (4): 58 – 74.

［3］ Ali M. and Raza S. A. Service Quality Perception and Customer Satisfaction in Islamic banks of Pakistan: the modified SERVQUAL model ［J］. Total Quality Management & Business Excellence, 2015, 266 (3): 594 – 600.

［4］ Anderson J. C. and Gerbing D. W. Structural Equation Modeling in practice: a Review and Recommended Two-Step Approach ［J］. Psychological Bulletin, 1988 (103): 3.

［5］ Armstrong M. and Wright J. Two-Sided Markets, Competitive Bottlenecks and Exclusive Contracts, Economic Theory ［J］. 2007, 32 (2): 353 – 380.

［6］ Azevedo E. M. and Weyl E. G. Matching Markets in the Digital Age ［J］. Science, 2016, 352 (6289): 1056 – 1057.

［7］ Banerji A. and Dutta B. Local Network Externalities and Market Segmentation [J]. International Journal of Industrial Organization, 2009, 27 (5): 605 –614.

[8] Baptists and Rui. Do Innovations Diffuse Foster within Geographical Clusters? [J]. Internat. J. Indust. Organ. 2000 (18): 515 –535.

[9] Baron R. M. and Kenny D. A, The Moderator-mediator Variable Distinction in Social Psychological Research: Conceptual, Strategic, and Statistical Considerations [J]. Journal of Personality and Social Psychology, 1986 (51): 1173 –1182.

[10] Barthélemy M. Spatial Networks [J]. Physics Reports, 2011 (499): 1101.

[11] Bass F. M. A New Product Growth Model for Consumer Durables [J]. Management Science, 1969, 15 (5): 215 –227.

[12] Bentler P. M. and Kano Y. On the Equivalence of Factors and Components [J]. Multivariate Behavioral Research, 1990, 25 (1): 67 –74.

[13] Bernstein A. and Li S. Gasoline Prices, Government Support and the Demand for Hybrid Vehicles in the US [J]. International Economic Review, 2011, 52 (1): 161 –182.

[14] Birke D. Swann G. M. Network Effects and the Choice of Mobile Phone Operator [J]. Journal of Evolutionary Economics, 2006 (16): 65 –84.

[15] Bobek D. D. and Hatfield R. C. An Investigation of the Theory of Planned Behavior and the Role of Moral Obligation in Tax Compliance [J]. Behavioral Research in Accounting, 2003 (15): 14 –38.

[16] Brockmann D. , Hufnagel L. and Geisel T. The Scaling Laws of Human Travel [J]. Nature, 2006 (439): 462 –465.

［17］ Button K. J. Road Pricing ［J］. Transportation Research Part A, 1986, 20A.

［18］ Cabral L. M. B. On the Adoption of Innovations with "Network" Externalities ［J］. Mathematical Social Sciences, 1990, 19 (3): 299 – 308.

［19］ Caillaud B. and Jullien B. Chicken & Egg: Competition among Intermediation Service Providers ［J］. Rand Journal of Economics, 2003, 34 (2): 309 –328.

［20］ Carlier A. , Tschirhart F. , Silva F. D. , et al. An Overview of Multimodal Transport Design and Challenges Underlined by a Carsharing Case Study ［M］. Springer International Publishing, 2015: 257 –268.

［21］ Case and Anne C. Spatial Patterns in Household Demand ［J］. Econometrica, 1991, 59 (4): 953 –965.

［22］ Cho E. , Myers S. A. and Leskovec J. Friendship and Mobility: User Movement in Location-based Social Networks, ACM SICKDD International Conference on Knowledge Discovery and Data Mining ［C］. San Diego, Ca, Usa, August. DBLP, 2011: 1082 –1090.

［23］ Church, Jeffrey and Neil Gandal. Network Effects, Software Provision and Standardization ［J］. Journal of Industrial Economics, 1992, 40 (1) 85 –104.

［24］ Clements, Matthew T. , Hiroshi Ohashi. Indirect Network Effects and the Product Cycle: Video Games in the U. S. , 1994 –2002 ［J］. Journal of Industrial Economics, 2005, 53 (4) 515 –542.

［25］ Corrocher N. and Zirulia L. Me and You and Everyone We Know: An Empirical Analysis of Local Network Effects in Mobile Communications

[J]. Telecommunications Policy, 2009, 33 (1-2): 68-79.

[26] Cramer J. and Krueger A. B. Disruptive Change in the Taxi Business: the Case of Uber [J]. American Economic Review, 2015, 106 (5): 177-182.

[27] Cusumano Michael A. , Mylonadis Yiorgos and Rosenbloom Richard S. Strategic Manuevering and Mass Market Dynamics: the Triumph of VHS over BETA [J]. Business History Review, 1992, 66 (1): 51-94.

[28] Davis P. Estimation of Quantity Games in the Presence of Indivisibilities and Heterogeneous Firms [J]. Journal of Econometrics, 2006, 134 (1): 187-214.

[29] Dhebar A. and Oren S. S. Optimal Dynamic Pricing for Expanding Networks [J]. Marketing Science, 1985, 4 (4): 336-351.

[30] Dover Y. , Goldenberg J. and Shapira D. Network Traces on Penetration: Uncovering Degree Distribution from Adoption Data [J]. Marketing Science, 2012, 31 (4): 689-712.

[31] Dunia L. P. Diffusion in Complex Social Networks [J]. Games and Economic Behavior, 2008, 62 (2): 573-590.

[32] Economides N. and Katsamakas E. Two-Sided Competition of Proprietary vs. Open Source Technology Platforms and the Implications for the Software Industry [J]. Management Science, 2005, 52 (7): 1057-1071.

[33] Economides N. and Tag J. Network Neutrality on the Internet: A Two-sided Market Analysis [J]. Information Economics & Policy, 2012, 24 (2): 91-104.

[34] Eisenmann T. R. , Parker G. and Alstyne M. W. V. Strategies for Two-Sided Markets [J]. Harvard Business Review, 2006, 84 (10).

［35］ Eubank S. , H. Guclu, V. S. Anil Kumar, M. V. Marathe, A. Srinivasan, Z. Toroczkai and N. Wang. Modelling Disease Outbreaks in Realistic Urban Social Networks ［J］. Nature, 2004.

［36］ Evans D. S. Some Empirical Aspects of Multi-sided Platform Industries ［J］. Review of Network Economics, 2003 (2): 191 –209.

［37］ Fang. G. and Pigneur Y. The Integrative Model of International Innovation Network and Performance ［C］. Proceedings of the Third Conference on Global Manufacturing and China, 2007 (2): 67 –71.

［38］ Farrell J. and Saloner G. Installed Base and Compatibility: Innovation, Pro duct Preannouncements, and Predation ［J］. The American Economic Review, 1986, 76 (5): 940 –955.

［39］ Fournier G. , Seign R. , Goehlich V. , et al. Carsharing with Electric Vehicles: a Contribution to Sustainable Mobility? ［EB/OL］, 2013.

［40］ Fournier S. , Eckhardt G. and Bardhi F. Learning to Play in the New "Share Economy" ［J］. Harvard Business Review, 2013, July-August: 125 –129.

［41］ Frank L. D. An Analysis of the Effect of the Economic Situation on Modeling and Forecasting the Diffusion of Wireless Communications in Finland ［J］. Technological Forecasting & Social Change, 2004, 71 (4): 391 – 403.

［42］ Fu J. , Jiang D. and Huang Y. 1 km Grid Population Dataset of China (2005, 2010) ［R］. Global Change Reaearch Data Publishing and Repository. 2014, 69. 10. 3974/geodb. 2014. 01. 06. v1.

［43］ Gallagher K. and Muehlegger E. Giving Green to Get Green? Incentives and Consumer Adoption of Hybrid Vehicle Technology ［J］. Journal of Environmental Economics and Management, 2011, 39 (5): 2217 -2227.

[44] Gan J., An B., Wang H., et al. Optimal Pricing for Improving Efficiency of Taxi Systems [C]. Proceedings of the Twenty-Third International Joint Conference on Artificial Intelligence, 2013: 2811 -2818.

[45] Gandal N., Greenstein S. Salant D. Adoptions and Orphans in the Early Mi crocomputer Market [J]. Journal of Industrial Economics, 1999, 47 (1): 87 -105.

[46] Gao S., Liu Y., Wang Y., et al. Discovering Spatial Interaction Communities from Mobile Phone Data [J]. Transactions in Gis, 2013, 17 (3): 463 -481.

[47] Garber T., Goldenberg J., Libai B., et al. From Density to Destiny: Using Spatial Dimension of Sales Data for Early Prediction of New Product Success [J]. Marketing Science, 2004, 23 (3): 419 -428.

[48] Goldenberg J., Han S., Lehmann D. R., et al. The Role of Hubs in the Adoption Process [J]. Journal of Marketing, 2009, 73 (2): 1 -13.

[49] Gonzalez M. C., Hidalgo C. A. and Baraba'si A. L. Understanding individual human mobility patterns [J]. Nature, 2008 (453): 779 -782.

[50] Goolsbee A. and Klenow P. Evidence on Learning and Network Externalities in the Diffusion of Home Computers [J]. Journal of Law and Economics, 2002 (45): 317 -343.

[51] Guida M. and Maria F. Topology of the Italian Airport Network: A Scale-free Small-world Network with a Fractal Structure? [J]. Chaos Solitons Fractals, 2007 (31): 527 -536.

［52］ Hagiu A. A Staged Solution to the Catch-22 ［J］. Harvard Business Review, 2007, 85 (11): 399.

［53］ Hanssens D. M. , Mahajan V. and Peterson R. A. Innovation Diffusion: Models and Applications ［J］. Journal of Marketing Research, 1985, 22 (4): 468.

［54］ Hatton T. J. and J. G. Williamson. Global Migration and the World Economy: Two Centuries of Policy and Performance ［M］. The MIT Press, 2008.

［55］ He L. , Mak H. Y. , Rong Y. , et al. Service Region Design for Urban Electric Vehicle Sharing Systems ［J］. Social Science Electronic Publishing, 2014, 19 (2).

［56］ Heimonen T. Information Needs and Practices of Active Mobile Internet Users ［C］ //Proceedings of the 6th International Conference on Mobile Technology, Application & Systems, 2009.

［57］ Houde J. F. Spatial Differentiation and Vertical Mergers in Retail Markets for Gasoline ［J］. American Economic Review, 2012, 102 (5): 2147 –2182.

［58］ Huwer U. Public Transport and Car-sharing—benefits and Effects of Combined Services ［J］. Transport Policy, 2004, 11 (1): 77 –87.

［59］ Jang K. , Kim D. and Chung, S. Heterogeneous Perception of Travelers on Greenhouse Gas Pricing in Seoul, Korea ［J］. International Journal of Sustainable Transportation, 2014, 8 (4): 281 –296.

［60］ Java A. , Song X. , Finin T. , et al. Why We Twitter: Understanding Microblogging Usage and Communities ［C］. Proceedings of the 7th ACM SIGCOMM Conference on Internet Measurement. New York, ACM,

2007: 56 - 65.

[61] Juan Alcacer, Tarun Khanna, Mary Furey, et al. Emerging Nokia? [J]. Social Science Electronic Publishing, 2011.

[62] Jullien B. Competing in Network Industries: Divide and Conquer [D]. University of Toulouse, 2003.

[63] Katz, M. L. and Shapiro, C. Systems Competition and Network Effects [J]. Journal of Economic Perspectives, 1994, Vol 8: 93 - 115.

[64] Katz, M. L. and Shapiro, C. Technology Adoption in the Presence of Network Externalities [J]. Journal of Political Economy, 1986 (94): 822 - 841.

[65] Katz, M. L. and Shapiro, C. Network Externalities, Competition, and Compatibility [J]. The American Economic Review, 1985, 75 (3): 424 - 440.

[66] King C., W. Griggs, F. Wirth, et al. Using a Car Sharing Model to Alleviate Electric Vehicle Range Anxiety [EB/OL]. 2013.

[67] Kohli, Rajeev, Donald R. Lehmann and Jae Pae. Extent and Impact of Time in New Product Diffusion [J]. Product Innovation Management, 1999 (16): 134 - 144.

[68] Lamberton C. P. and Rose R. L. When is Ours Better than Mine? A Framework for Understanding and Altering Participation in Commercial Sharing Systems [J]. Journal of Marketing, 2012, 76 (4): 109 - 125.

[69] Lee E., Lee J., Lee J. Reconsideration of the Winner-Take-All Hypothesis: Complex Networks and Local Bias [J]. Management Science, 2006, 52 (12): 1838 - 1848.

[70] Lee J. and Song J. Network Topology and Standards War: When

Does a New Technology Survive in the Network Economy? [R]. Presentation at the Wharton Technology Mini-conference, 2003.

[71] Li D. , Jiang Y. , Rui K. , et al. Spatial Correlation Analysis of Cascading Failures: Congestions and Blackouts [J]. Scientific Reports, 2014, 4 (4): 5381.

[72] Lim B. L. , Choi M. and Park M. C. The Late Take [J]. Information Economics & Policy, 2003, 15 (4).

[73] Lin K. Y. and Lu H. P. Why people use SNS: an empirical study integrating network externalities and motivation theory [J]. Computer in Human Behavior, 2011, 27 (3): 1152 – 1161.

[74] Lindloff K. , Pieper N. , Bandelow N. C. and Woisetschläger D. M. Drivers of Car-sharing Diffusion in Germany: an Actor-centred Approach [J]. Automotive Technology and Management, 2014, Vol. 14, Nos. 3/4: 217 – 245.

[75] Litman T. Evaluating Carsharing Benefits [J]. Transportation Research Record Journal of the Transportation Research Board, 2000, 1702 (1): 31 – 35.

[76] Lopez-Pintado D. Contagion and Coordination in Random Networks [J]. International Journal of Games Theory, 2006, 34 (3): 371 – 381.

[77] López-Pintado D. Diffusion in Complex Social Networks [J]. Games & Economic Behavior, 2008, 62 (2): 573 – 590.

[78] Louail T. , Lenormand M. , Cantu Ros O. G. , et al. From Mobile Phone Data to the Spatial Structure of Cities [J]. Sci Rep. 2014, 4 (2973): 5276.

[79] Lovelock C. H. Services Marketing [M]. 北京: 中国人民大学

出版社，2011.

　　［80］Lü L. , Chen D. B. and Zhou T. Small World Yields the Most Effective Information Spreading ［J］. New Journal of Physics, 2012, abs/1107.0429 (12): 825 – 834.

　　［81］Mahajan, Vijay and Robert A. Peterson. Integrating Time and Space in Technological Substitution Models ［J］. Tech. Forecasting Social Change, 1979 (14): 231 – 241.

　　［82］Mahler A. and Rogers E. M. The Diffusion of Interactive Communication Innovations and the Critical Mass: The Adoption of Telecommunications Services by German Banks ［J］. Telecommunications Policy, 1999, 23 (10 – 11): 719 – 740.

　　［83］Martens K. , Sierzchula W. and Pasman S. Broadening the Market for Carshare? Results of a Pilot Project in the Netherlands ［C］. presented at the 90st Annual Meeting of the Transportation Research Board. Washington, D. C, 2011.

　　［84］Martin E. , Shaheen S. A. and Lidicker J. Impact of Carsharing on Household Vehicle Holdings ［J］. Transportation Res. Record: J. Transportation Res. Board, 2010, 2143 (– 1): 150 – 158.

　　［85］Matthew E. and Kahn. Do Greens Drive Hummers or Hybrids? Environmental Ideology as a Determinant of Consumer Choice ［J］. Journal of Environmental Economics and Management, 2007 (2): 129 – 145.

　　［86］Millard-Ball A. , Murray G. , Schure J. T. , et al. Car-Sharing: Where and How It Succeeds ［R］. Tcrp Report Transportation Research Board of the National Academies, 2005. Interdisciplinary Management Research, 2015 (11): 955 – 975.

［87］Mislove A. , Marcon M. , Gummadi K. P. , Druschel P. , Bhattacharjee B. Measurement and Analysis of Online Social Networks ［C］. Proceedings of the 7th ACM SIGCOMM Conference on Internet Measurement. New York, ACM, 2007: 29 - 42.

［88］Mitsukuni Nishida. Estimating a Model of Strategic Network Choice: The Convenience-Store Industry in Okinawa ［J］. Marketing Science. Jan/Feb2015, Vol. 34 Issue 1: 20 - 38.

［89］Nair, Harikesh, Pradeep Chintagunta and Jean-Pierre Dube. Empirical Analysis of Indirect Network Effects in the Market for Personal Digital Assistants ［J］. Quantitative Marketing and Economics, 2004, 2 (1): 23 - 58.

［90］Navigant Research. Carsharing Services Will Surpass 12 Million Members Worldwide by 2020 ［EB/OL］. Accessed August 22, 2013, https: //www. navigantresearch. com/newsroom/carsharing-services-will-surpass-12 - million-members-worldwide-by-2020.

［91］Nishida M. , Estimating a Model of Strategic Network Choice: The Convenience-Store Industry in Okinawa ［J］. Marketing Science. Jan/Feb2015, Vol. 34 Issue 1: 20 - 38.

［92］Oort C. J. The Evaluation of Traveling Time ［M］. in: Urban Transport. 2003.

［93］Ozbay K. and Yanmaz-Tuzel O. and Valuation of Travel Time and Departure Time Choice in the Presence of Time-of-day Pricing ［J］. Transportation Research A, 2008, 42 (4): 577 - 590.

［94］Park and Sangin. Quantitative Analysis of Network Externalities in Competing Technologies: The VCR Case ［J］. Review of Economics and Statistics, 2004, 86 (4): 937 - 945.

[95] Pastor-Satorras, Romualdo, Vespignani, Alessandro. Epidemics and Immunization in Scale-free Networks [M]. Bornholdt S & Schuster H G Handbook of Graph & Networks, 2002: 111 - 130.

[96] Paul Tracey, Jan B. Heide and Simon J. Bell, Bringing "Place" Back in: Regional Clusters, Project Governance, and New Product Outcomes [J]. Journal of Marketing, 2014 (November), Vol. 78: 1 - 16.

[97] Peng B. , Bai Y. and Yan F. 2017 - 2018 the key period of car-sharing development [EB/OL]. Wechat account of Auto Business Review, 2017 - 02 - 09. http: //auto. gasgoo. com/News/2017/02/10062313231370006436C501 _ 2. shtml.

[98] Potoglou D. and Kanaroglou P. S. Household Demand and Willing-ness to Pay for Clean Vehicles [J]. Transportation Research Part D: Trans-port and Environment, 2007, 12 (4): 264 - 274.

[99] Qian J. H and Han D. D. Gravitation Model for Spatial Network Based on the Heterogeneous Node [J]. Physics, 2008.

[100] Quarmby, D. A. Choice of Travel Mode for the Journey to Work [J]. Journal of Transportation Economics and Policy, 1967, 1 (3): 273 - 314.

[101] Rayle L. , Dai D. , Chan N. , et al. Just a Better Taxi? A Sur-vey-based Comparison of Taxis, Transit, and Ridesourcing Services in San Francisco [J]. Transport Policy, 2016 (45): 168 - 178.

[102] Richard Arnott, Andre de Palma and Robin Lindsey. Information and Time-of-Usage Decisions in the Bottleneck Model with Stochastic Capacity and Demand [J]. European Economic Review, 1999 (43): 525 - 548.

[103] Rochet J. C. and Tirole J. Platform Competition in Two-sided Markets [J]. Journal of the European Economic Association, 2003, 1 (4): 990 –1029.

[104] Rochet J. C. and Tirole J. Two-Sided Market: An Overview [J]. Toulouse, 2010, 51 (11): 223 –260.

[105] Rochet J. and Tirole J. Two-sided markets: a progress report [J]. The Rand Journal of Economics, 2006, 37 (3): 645 –667.

[106] Rohlfs J. A Theory of Interdependent Demand for a Communications Service [J]. Bell Journal of Economics, 1974 (5): 41 –156.

[107] Rouan R. Car2 go Shrinks Its Service Area [EB/OL]. The Columbus Dispatch, 2015 – 8 – 10. http: //www. dispatch. com/content/stories/local/2015/08/10/Car2Go_shrinks_area. html.

[108] Scott K. Shriver. Network Effects in Alternative Fuel Adoption: Empirical Analysis of the Market for Ethanol [J]. Marketing Science. Jan/Feb2015, Vol. 34 Issue 1: 78 –97.

[109] Seim K. An Empirical Model of Firm Entry with Endogenous Product-type Choices [J]. The Rand Journal of Economics, 2006, 37 (3): 619 –640.

[110] Shy, O. The Economics of Network Industries [M]. Cambridge: Cambridge University Press, 2001.

[111] Srinivasan R. , Lilien G. L. and Rangaswamy A. First in, First out? The Effects of Network Externalities on Pioneer Survival [J]. Journal of Marketing A Quarterly Publication of the American Marketing Association, 2004, 68 (1): 41 –58.

[112] Sundararajan, A. Local Network Effects and Complex Network Structure [J]. The B. E. Journal of Theoretical Economics, 2007 (7): Ar-

ticle 46.

[113] Surowiecki J. In Praise of Efficient Price Gouging [N]. New Yorker, August 19, 2014.

[114] Swann G. M. P. The Functional Form of Network Effects [J]. Information Economics and Policy, 2002 (14): 417 – 429.

[115] Texas Transportation Institute (TTI). Annual Urban Mobility Report [R]. College Station, TX, USA. 2004 – 2007.

[116] Thomadsen R. The Effect of Ownership Structure on Prices in Geographically Differentiated Industries [J]. Rand Journal of Economics, 2005, 36 (4): 908 – 929.

[117] Thum M. Network Externalities, Technological Progress, and the Competition of Market Contract [J]. International Journal of Industrial Organization, 1994 (12): 269 – 89.

[118] Tracey P. , Heide J. B. and Bell S. J. Bringing "Place" Back in: Regional Clusters, Project Governance, and New Product Outcomes [J]. Journal of Marketing A Quarterly Publication of the American Marketing Association, 2014, 78 (6): 1 – 16.

[119] Tucker C. Identifying Formal and Informal Influence in Technology Adoption with Network Externalities [J]. Management Science, 2008, 54 (12): 2024 – 2038.

[120] Tucker C. Network Effects and the Role of Influence in Technology Adoption [D]. Stanford University, 2004.

[121] Turel O. and Serenko A. Satisfaction with Mobile Services in Canada: An empirical investigation [J]. Telecommunications Policy, 2006, 30 (5): 314 – 331.

[122] Valente T. W. Social Network Thresholds in the Diffusion of Innovations [J]. Social Networks, 1996, 18 (21): 69 – 89.

[123] Vijay Mahajan, Eitan Muller and Frank M. Bass. New Product Diffusion Models in Marketing: A Review and Directions for Research [J]. Journal of Marketing, 1990, 54 (1): 1 – 26.

[124] Walters A. A. The Theory and Measurement of Private and Social Costs of Highway Congestion [D]. Economical, 1961 (19): 676 – 679.

[125] Watts D. J. and Dodds P. S. Influentials, Networks and Public Opinion Formation [J]. Journal of Consumer Research, 2007, 34 (4): 441 – 458.

[126] Watts D. J. , Strogatz S. H. Collective Dynamics of 'Small World' Networks [J]. Nature, 1998, 393 (6684): 440 – 442.

[127] Weitzel T. , Wendt O. Westarp F. V. Chapter15: Network Effects and Diffusion Theory- Extending Economic Network Analysis [J]. Advanced Topics in Information Technology Standards and Standardization Research, 2006 (1): 1 – 21.

[128] Wesolowski A. , O'Meara W. P. , Eagle N. , et al. Evaluating Spatial Interaction Models for Regional Mobility in Sub-Saharan Africa [J]. Plos Computational Biology, 2015, 11 (7): e1004267.

[129] Wright J. and Kaiser U. Price Structure in Two Sided Markets: Evidence from the Magazine Industry [J]. International Journal of Industrial Organization, 2006, 24 (1): 1 – 28.

[130] Wu L. , Leung H. , Jiang H. , et al. Incorporating Human Movement Behavior into the Analysis of Spatially Distributed Infrastructure [J]. Plos One, 2016, 11 (1): e0147216.

［131］Xie Y. B. , Zhou T. , Bai W. J. , et al. Geographical Networks Evolving with an Optimal Policy ［J］. Physical Review E Statistical Nonlinear & Soft Matter Physics, 2007, 75 (3 Pt 2): 244 – 244.

［132］Yan X. Y. , Zhao C. , Fan Y. , et al. Universal Predictability of Mobility Patterns in Cities ［J］. Journal of the Royal Society Interface, 2013, 11 (100): 20140834.

［133］Yoon C. Theory of Planned Behavior and Ethics Theory in Digital Piracy: An Integrated Model ［J］. Journal of Business Ethics, 2011 (100): 405 – 417.

［134］Young P. H. The Diffusion of Innovations in Social Networks ［R］. Working Papers of the Johns Hopkins University Department of Economics, 2002.

［135］Zhu F. , Lansiti M. Entry into platform-based markets ［J］. Strategic Management Journal, 2011, 33 (1): 88 – 106.

［136］Zoepf S. M. and Keith D. R. User Decision-making and Technology Choices in the U. S. Carsharingmarket ［J］. Transport Policy, 2016 (51): 150 – 157.

［137］蔡建林，周梅华，张红红. 低碳创新产品消费者采用意愿影响因素实证研究——以新能源汽车为例 ［J］. 消费经济，2012，28 (3)：23 – 26.

［138］曹越，毕新华，苏婉. 移动互联网 O2O 模式下消费者信息搜寻行为研究 ［J］. 情报理论与实践，2018 (3).

［139］常缨征. 对移动打车软件价格战的经济学思考 ［J］. 价格理论与实践，2014 (4)：116 – 118.

［140］陈锟. 种子顾客的网络分布对创新扩散的影响 ［J］. 管理科

学，2010，23（1）：38－43.

［141］陈茜，王炜，黄娟. 需求控制下的出租车计程定价问题研究
［J］. 城市交通，2005，3（3）：14－18.

［142］陈锐，王宁宁，赵宇，等. 基于改进重力模型的省际流动人口
的复杂网络分析［J］. 中国人口·资源与环境，2014，24（10）：104－
113.

［143］陈威如，余卓轩. 平台战略：正在席卷全球的商业模式革命
［M］. 中信出版社，2013.

［144］陈佑成，郭东强. 基于多案例分析的中国O2O商业模式研
究［J］. 宏观经济研究，2015（4）：14－22

［145］陈云海，马亮. 嘀嘀打车为何成烧钱机器［J］. 中国报业，
2014（5）：75－76.

［146］程贵孙. 平台型网络产业的微观结构、特征及竞争策略
［J］. 华东师范大学学报（哲学社会科学版），2010，42（6）：104－
109.

［147］程虹，王林琳. 梅特卡夫法则解说与横向战略联盟价值
［J］. 情报探索，2006（12）：24－27.

［148］池莲. 谈电子商务O2O模式面临的机遇与挑战［J］. 商业
时代，2014（25）：63－64.

［149］电动车有望在华受青睐——德国莱茵TüV全球电动车调查对
中国市场寄予厚望［J］. 汽车零部件，2012（2）：7－9.

［150］丁继锋. 网络效应市场的技术创新障碍及策略分析［J］. 技
术经济与管理研究，2012（3）：39－43.

［151］杜光. 基于SP调查的城市公共交通出行时间价值研究［D］.
北京：北京交通大学硕士学位论文，2010.

[152] 段文奇，陈忠. 网络效应新产品成功的关键：产品质量还是安装基础？[J]. 系统工程理论与实践，2007，27（7）：144-148.

[153] 段文奇. 基于复杂网络的第三方电子商务平台临界用户规模研究 [J]. 中国管理科学，2014，22（12）：93-101.

[154] 段文奇. 用户网络耦合视角的第三方支付平台扩散模型 [J]. 管理科学学报，2015，18（7）：27-38.

[155] 樊鹏翼，王晖，姜志宏，李沛. 微博网络测量研究 [J]. 计算机研究与发展，2012，49（4）：691-699.

[156] 付伟. 互联网商业生态体系和企业社会责任趋势 [J]. 互联网经济，2017（8）：52-55.

[157] 付晓燕. 社交网络服务对使用者社会资本的影响——社会资本视角下的 SNS 使用行为分析 [J]. 新闻界，2010（4）：20-22.

[158] 傅亚平，赵晓飞. 基于网络效应的 SNS 网站用户参与动机和参与强度研究 [J]. 财贸研究，2011（6）：107-116.

[159] 耿磊. 打车 App 平台定价策略分析——基于双边与多边市场视角 [D]. 广州：暨南大学硕士学位论文，2015.

[160] 管琼. 从选择或然率公式角度解析媒介融合中的人本倾向 [J]. 西部广播电视，2017（1）：15-15.

[161] 郭朝飞，邓攀. e 袋洗生死时速 [J]. 中国企业家，2017（2）：81-85.

[162] 郭晓祎. "嘀嘀打车"新思维 [J]. 中国经济和信息化，2013，12：76-78.

[163] 何菲. 嘀嘀打车：等来的商机 [J]. IT 经理世界，2013（15）：67-69.

[164] 胡骥，蒲之艳. 收费道路最优费率制定研究 [J]. 西华大学

学报（自然科学版），2005，24（2）：46 – 48.

[165] 黄海军. 拥挤道路使用收费的研究进展和实践难题 [J]. 中国科学基金，2003（4）.

[166] 黄玮强，庄新田. 网络结构与创新扩散研究 [J]. 科学学研究，2007，25（5）：1018 – 1024.

[167] 凯文·凯利. 凯文·凯利：构想未来走近必然——让我用120 句话告诉你未来已来 [J]. 企业研究，2016（1）：30 – 37.

[168] 孔栋，左美云，孙凯. "上门"型 O2O 模式构成要素及其关系：一个探索性研究 [J]. 管理评论，2016，28（12）：244 – 257.

[169] 李冬梅. 高速公路拥挤收费费率研究 [D]. 南京：东南大学硕士学位论文，2004.

[170] 李冬阳. 政策力推电动汽车消费者不买账 [EB/OL]. 舜网 – 济南日报，http：//jnrb. e23. cn/shtml/jinrb/20140414/vC04. shtml.

[171] 李静，祝歆，石骄阳. 城市地铁分时段定价方法的应用研究——基于北京市地铁定价数据的模拟测算 [J]. 价格理论与实践，2016（8）：77 – 80.

[172] 李旭超. 论打车软件对乘客打车行为的 SWOT 分析——以"嘀嘀打车"和"快的打车"为例 [J]. 现代工业经济和信息化，2014（9）：84 – 87.

[173] 林维奇，陈启杰. 关于新能源汽车的文献综述 [J]. 特区经济，2012（11）：287 – 290.

[174] 林小兰. OTO 电子商务商业模式探析 [J]. 中国流通经济，2014，28（5）：77 – 82.

[175] 林玉川. 移动打车软件用户行为研究 [D]. 厦门：厦门大学硕士学位论文，2014.

［176］刘孚嘉．当"打车难"遭遇嘀嘀打车［J］．经济与社会发展研究，2014，Z1：68－70．

［177］刘宏鲲，张效莉，曹崀，等．中国城市航空网络航线连接机制分析［J］．中国科学，2009（7）：935－942．

［178］刘怀伟，贾生华．基于锁定的顾客网络管理策略［J］．科研管理，2003，24（5）：27－31．

［179］刘思思，刘宁一，赵钊．打车软件运营模式的经济学分析［J］．甘肃金融，2014（6）：68－69．

［180］刘征驰，贺新宇，赖明勇．基于 O2O 服务耦合度的企业运营模式选择研究［J］．软科学，2016，30（4）：51－55．

［181］卢珂，周晶，鞠鹏，等．基于双边市场理论的移动出行平台定价策略研究［J］．价格理论与实践，2016（11）：150－153．

［182］卢益清，李忱．O2O 商业模式及发展前景研究［J］．企业经济，2013（11）：98－101．

［183］陆亦琦．Uber 的秘密：随行就市的差异定价［J］．销售与市场（评论版），2015（6）：26－27．

［184］罗东．e 袋洗的迭代与重生［J］．二十一世纪商业评论，2016（12）：60－61．

［185］罗剑，王数盛，李旭宏，潘俊卿．出行方式选择行为的个体时间感知差异性建模分析［J］．公路交通科技，2007（2）．

［186］罗清玉．城市道路拥挤收费关键理论问题研究［D］．长春：吉林大学博士论文，2004．

［187］马青，芮胜利，赵静，等．O2O 电子商务模式探析［J］．中国商贸，2014（14）：96－97．

［188］毛承洁，张龙，庞川，陈洁敏．社会网络服务及其用户行为

分析 [J]. 华南师范大学学报（自然科学版），2013，45（2）：51－54.

[189] 孟昌，翟慧元. 网络产业组织中的双边市场研究：文献述评 [J]. 北京工商大学学报（社会科学版），2013，28（1）：28－35.

[190] 慕晨，赵祥模. 基于多主体技术的出租车定价仿真优化方法 [J]. 电子测试，2013（13）：39－42.

[191] 彭兰. P2P技术与网络传播的未来 [J]. 南京邮电大学学报（社会科学版），2005，7（1）：29－32.

[192] 秦萧，甄峰，朱寿佳，等. 基于网络口碑度的南京城区餐饮业空间分布格局研究——以大众点评网为例 [J]. 地理科学，2014，34（7）：810－817.

[193] 邱甲贤，聂富强，童牧，等. 第三方电子交易平台的双边市场特征——基于在线个人借贷市场的实证分析 [J]. 管理科学学报，2016，19（1）：47－59.

[194] 任然. 关于打车软件的批判性思考 [J]. 中国信息化，2014，Z3：101－103.

[195] 邵继红，辛明亮. 探析影响消费者购买新能源汽车的因素 [J]. 企业导报，2012（2）：83－86.

[196] 石红波，邹维娜，许玉平. 基于绿色技术的新能源汽车市场调查研究：以威海为例 [J]. 科技管理研究，2014（8）：227－232.

[197] 石奇，孔群喜. 消费网络效应与专业零售商买方势力规制 [J]. 中国工业经济，2009（10）：77－85.

[198] 史蒂芬·埃洛普. 我们沦落了，平台正在燃烧 [J]. 企业观察家，2011（3）：94－94.

[199] 唐东平，王秋菊，丁禹宁. 差异化服务条件下双边市场平台定价策略 [J]. 工业工程，2013，16（6）：77－83.

［200］唐方成，池坤鹏．双边网络环境下的网络团购定价策略研究［J］．中国管理科学，2013，21（3）：185－192．

［201］王颖，陈威如．如何踏上共享经济平台的"快进轨道"［J］．清华管理评论，2016（4）：74－80．

［202］王颖，李英．基于感知风险和涉入程度的消费者新能源汽车购买意愿实证研究［J］．数理统计与管理，2013，32（5）：863－872．

［203］王月辉，王青．北京居民新能源汽车购买意向影响因素——基于 TAM 和 TPB 整合模型的研究［J］．中国管理科学，2013（21）：691－698．

［204］肖赟，魏朗．"互联网＋"背景下我国出租车运价体系改革路径研究［J］．价格理论与实践，2016（7）：79－81．

［205］胥莉，王耀斌，陈丽．广告支持型双边市场的网络效应——即时通信市场的实证分析［J］．系统管理学报，2008，17（6）：615－621．

［206］徐国虎，许芳．新能源汽车购买决策的影响因素研究［J］．中国人口·资源与环境，2010（11）：91－95．

［207］杨蕙馨，吴炜峰．用户基础、网络分享与企业边界决定［J］．中国工业经济，2009（8）：88－98．

［208］杨媚茹，谭德庆，毕丽杰．补贴政策下节能环保汽车购买行为实证研究［J］．西南交通大学学报（社会科学版），2013，14（5）：120－126．

［209］于洁涵，梁雪琴，谢绍晖．手机打车软件盈利模式浅析［J］．交通科技与经济，2014（2）：63－65．

［210］詹姆斯·素洛维奇．抬价的效率［J］．商界（评论），2014（10）：98－99．

[211] 张贵群，张欣．新能源汽车产业发展面临的路径依赖及其破解 [J]．工业技术经济，2014（2）：75–80.

[212] 张庆乐．出租车运营数据分析系统的设计与实现 [D]．南京：东南大学硕士学位论文，2015.

[213] 张荣齐，田文丽．餐饮连锁企业 O2O 商业模式研究 [J]．中国市场，2014（32）：81–88.

[214] 张瑞敏．张瑞敏：颠覆式创新再造海尔 [J]．经理人，2013（10）：52–53.

[215] 张胜．系统竞争、网络效应与工业发展初期的政府作用——我国彩电工业竞争力发展的实证研究（1978～2002）[J]．系统管理学报，2007（2）：23–30.

[216] 张晓军，李仕明，何铮．基于复杂网络的创新扩散特征 [J]．系统管理学报，2009，18（2）：186–192.

[217] 张晓明．间接网络效应的测度——以中国彩色电视产业为例 [J]．财贸经济，2007，4：121–126.

[218] 赵保国，余宙婷．基于网络效应的竞争性产品微观扩散研究 [J]．管理科学学报，2013，16（9）：33–43.

[219] 赵桂珺．O2O 模式在零售行业中的应用研究 [J]．中外企业家，2013（27）：42–44.

[220] 赵良杰，赵正龙，陈忠．社会网络与创新扩散的共生演化 [J]．系统管理学报，2012，21（1）：62–69.

[221] 赵良杰，姜晨，鲁皓．复杂社会网络结构、局部网络效应与创新扩散研究 [J]．软科学，2011，25（8）：6–9.

[222] 赵良杰，武邦涛，陈忠，段文奇．感知质量差异对网络外部性市场结构演化的影响 [J]．系统工程理论与实践，2011（1）：84–91.

［223］赵良杰，武邦涛，陈忠，段文奇．基于局部网络效应的创新扩散分析［J］．上海管理科学，2010，32（4）：96－99.

［224］赵媛．我国打车软件移动营销策略［J］．合作经济与科技，2014，19：102－104.

［225］钟淑新．嘀嘀打车：改变人们的出行方式［J］．分忧，2014（6）：34－35.

［226］周琦萍，徐迪，杨芳．基于复杂社会网络和局部网络效应的新产品竞争扩散的计算实验研究［J］．软科学，2013，27（7）：13－17.

［227］周雪梅，杨晓光，史春华．一种先进的公共交通系统评价方法研究［J］．交通与计算机，2005，23（4）：7－10.

［228］祝进城，帅斌，孙朝苑，等．固定费率下城市出租车拥挤收费模型与算法［J］．计算机应用研究，2013，30（8）：2288－2291.